食べて祀《まつ》って

小さな村の祭りとお供え物

坂本桃子

弦書房

目次

熊本県八代市坂本町の位置

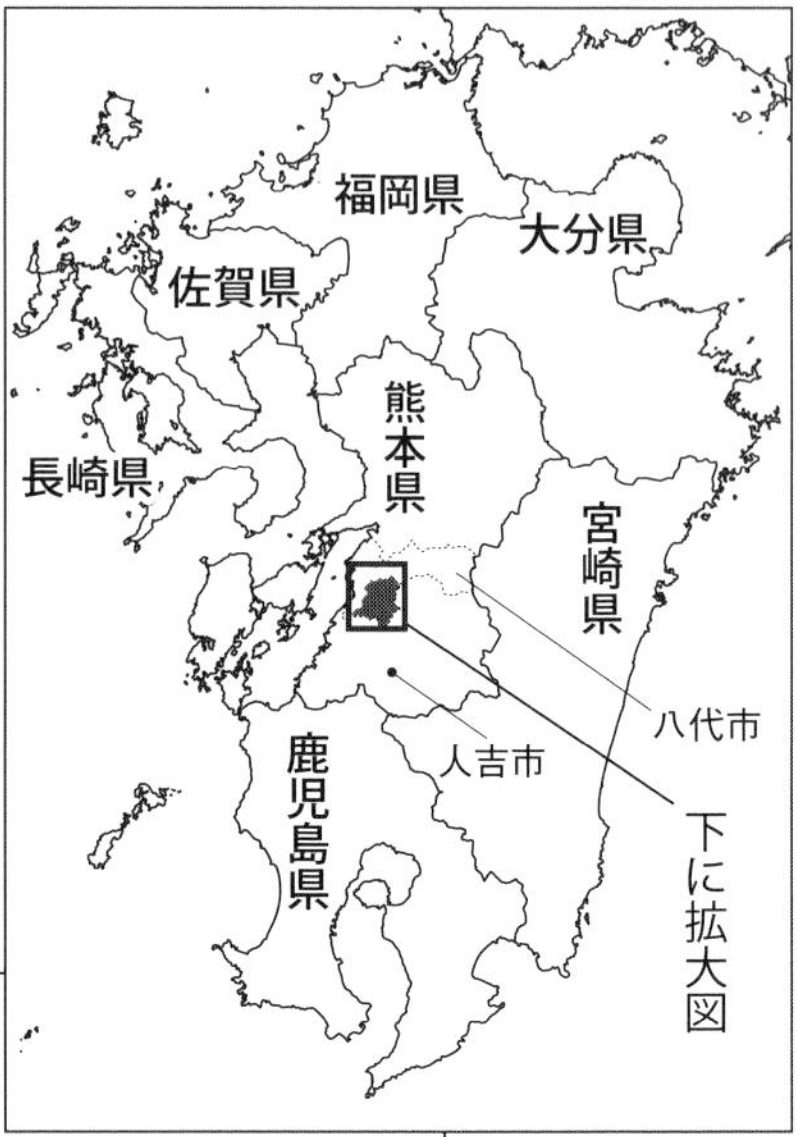

坂本町（道の駅坂本または坂本駅）までのアクセス

■**車の場合**

熊本空港→益城熊本空港 I.C ～八代 I.C（九州自動車道）→八代市内から国道 219 号線経由で道の駅坂本へ約 20 分

■**公共の交通機関を利用する場合**

・JR 熊本駅～新八代駅（九州新幹線で 10 分）+ タクシーで坂本駅まで約 20 分

・JR 熊本駅～八代駅（鹿児島本線で 40 分）→八代駅～坂本駅（路線バス「坂本線」で約 20 分）

※2023 年現在、JR 肥薩線（八代駅～人吉駅間）は不通となっている。

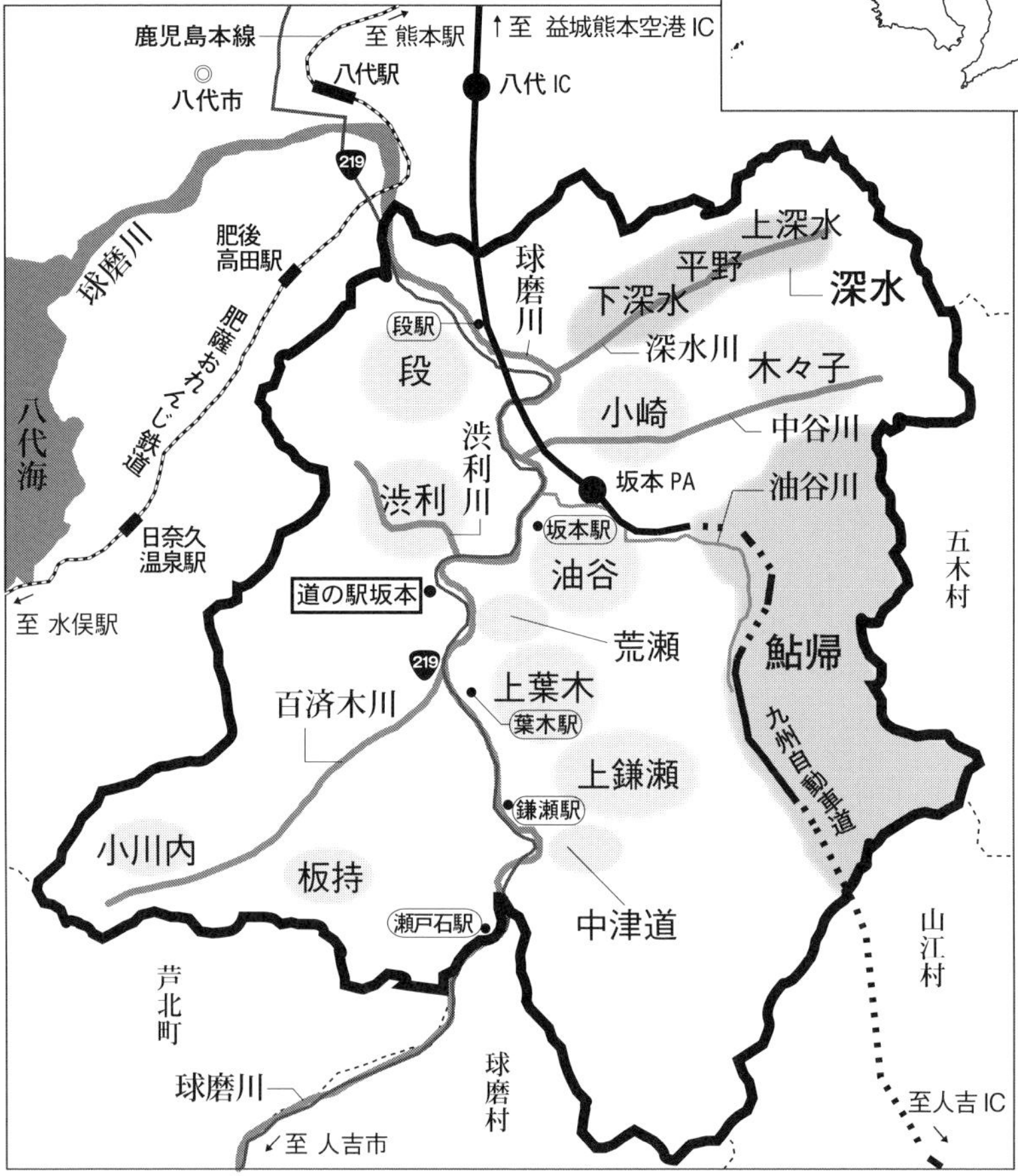

本書掲載の各地域（ ⬭ の駅は JR 肥薩線の駅を示す）

はじめに――まつりを創る心

ふるさと坂本に帰ってきた二〇一四年、偶然立ち寄った町のケーブルテレビセンターが、まさか私の運命を変える就職先になるとは思ってもいませんでした。

翌年から坂本の町じゅうで自らカメラをまわし、番組をつくることが私の仕事になりました。普通に坂本で暮らしていたら訪れるはずもない、なんとも辺鄙な場所にある集落を見つけては胸が高鳴り、しかもそんな集落が一つや二つではないという事実に、ワクワクが止まりませんでした。そして、そこではまるで時が止まっているかのように、日本昔話そのままの暮らしをしているおじいちゃん、おばあちゃんの姿がありました。

すっかり、坂本の集落の営みに魅了されてしまった私でしたが、もっと踏み込んでみると、さらにトキメクものと出会ってしまいました。それが、集落でひっそりと受け継がれている小さなお祭りや習わしだったのです。

「こんにゃく祭り」や「きゅうり祭り」のように、名称だけでは何の祭りなのか想像もつかないものや、ほぼ全集落にのこる「山の神祭り」も、集落によってお供えものが異なっていて、奇想天外。河童の供養のために、正月のお餅と拾った石を球磨川へ投げ入れる風習など、摩訶不思議なものもありました。

しかし、私を一番釘付けにしたのは、集落の人たちが祭りに持ち寄る美味しそうなお供え物や手作りのご馳走、そしてそれを分け合って食べている光景でした。食いしん坊な私は、そんな坂本の祭りの豊かな「食」が楽しみとなり、毎回お邪魔してはお腹いっぱいになって帰っていたのでした。

調べてみると、坂本ではその季節ごとに、複数の集落で同時多発的に祭りや習わしが行われていると分かりました。この国では年々、古い祭りや伝統風習が消滅していくのに、高齢化率六三％・中山間地の小さな町で、四季を通じてこれだけ多様な祭りが頻繁に行われている…。他にこんな地域があるのだろうか⁉ これは世紀の大発見、ただごとではない！と、そこから私の興味が爆発し、ミステリアスな坂本の祭りの秘密を解き明かそうと、ひたすらに取材を続けてきました。

今回この本では、これまで私が訪れた坂本の祭りや習わしを、「里」で行われるもの、「川」にまつわるもの、「山」にまつわるもの、の三つに分けてご紹介しています。そして、特に祭りに登場する「食」に注目をしています。祭りの意味・祈りの対象についてはそれぞれで、古い時代の様式のままの祭りもあれば、現代になり新しい手法で発展しているものもあります。

取材をすすめる中で、途絶えることなく続いている祭りでも、住民のさまざまな葛藤があると知りました。しかし、いつも努力と工夫を怠らない坂本の人たちの祭りに対する精神には、私たちが生きていく上でとても重要なことがたくさん隠されている気がしています。この本から、そんな坂本の祭りの秘密や秘訣を見つけていただけると嬉しいです。

知られざる、坂本のお祭りの世界をどうぞお楽しみください！

第I章

里のまつり

1　きゅうりとニンニク味噌

小川内地区
（巻末にレシピ紹介）

きゅうり祭り

六月十一日。坂本町の小川内地区には、梅雨入り前の少し湿った空気が漂っています。田んぼにちょこんと並ぶ小さな稲は、ついさっき植えられたかのようです。ここには地名の通り、可愛らしい小川がさらさらと集落を流れ、その清らかな水の恵みを受けたお米の味が絶品だと評判です。

「トントントントン…」

軽快な音に引き寄せられ、公民館を覗いてみると、台所のまな板の上には大量のきゅうりがのっています。女性たちが、これから始まる「きゅうり祭り」の準備のため、大量のきゅうりをスライスしているのです。

小川内地区で毎年六月十一日に行われるこの祭りでは、主役はなんと言ってもこのきゅうり。「祭り」と呼ぶほどなので、何か珍しいきゅうり料理でもあるのかと思いきや、テーブルに並んでいるのはお皿に盛られたスライスきゅうりやスティックきゅうりだけで

祭りの前に斜め切りされたきゅうり

（下）祭りではきゅうりをひたすら食べ続ける

す。そして、何か神仏にきゅうりを供えるわけでもなく、特別な儀式や作法があるわけでもなく、参加者がきゅうりをただ黙々と食べます。

もちろん、生のきゅうりをずっと食べ続けるわけではありません。きゅうりの隣に、何やら美味しそうなものが見えます。これは、ニンニク味噌で、祭りの前に女性たちが手作りしたものです。味噌に、砂糖とすりおろしたニンニクを混ぜ合わせ、味が調えてあります。時々このニンニク味噌をつけて食べると、これがまたきゅうりと良く合い…驚くほどきゅうりが進みます。ニンニク味噌は、きゅうり祭りには欠かせない、重要な引き立て役なのです。

きゅうり祭りについては、小川内の人たちでさえ、はっきりとした由来や背景が分からないと言います。それでも、毎年必ずこの日に公民館に集い、世間話をしながらきゅうりをポリポリと食べるのです。

この祭りにもう五〇年参加しているという、ある一人のお母さんはこう言います。「きゅうり祭りは、川の神さんと関係があると思う。」そんなお母さんは、きゅうり祭りのことを密かに「川祭り」とも呼んでいます。

明治中期には三七戸あった小川内地区の世帯数も、現在は二〇戸ほどまで減少しました。若者や子どもの姿はすっかり見られません。公民館の前を流

五軒組と呼ばれる４名の役が祭りの準備を担う。役は４年ごとに交代する。

れる川のせせらぎは、静けさの中でより一層引き立っています。

ニンニク味噌は、みんなで味見をしながらつくる。「あたもちょっと食べてみて！」
（下）テーブルにきゅうりとニンニク味噌が並び、準備は万端

小川内はかつては交通の要所であった。ひと山越えると、お隣の芦北町へと辿り着く

2　みょうが饅頭

渋利《しぶり》地区

百万遍《ひゃくまんべん》

梅雨入り前の渋利地区の里山に、「カーン、カーン、」という鉦《かね》の音が響き渡っています。その音に導かれるようにして辿り着いたのは、集落のシンボル的存在でもある毘沙門天堂です。お堂の中では、住民が車座になり、手元に巨大な木製の数珠を抱えています。「カーン」と高い鉦の音を鳴らしていたのは、この輪の中にぽつんと座る一人だけで、あとは全員で大数珠をまわしています。桐の木で手作りされた数珠はぶつかりあい、「カチャ、カチャ」と可愛い音を奏でます。その年季の入った大数珠は、それを握るおばあちゃんたちの皺だらけの手とマッチしているようにも見えてくるので不思議です。

百万遍と呼ばれるこの伝統行事は、田植えが終わったことを祝い、豊作を祈る早苗饗《さなぶり》として渋利地区で毎年行われています。平家落人の伝承が残るこの地は、四方を山に囲まれ、いくつかの支流が集まる水の豊かな小盆地です。

早苗饗を祝うみょうが饅頭

その恵まれた地形を活かし、多い時には四〇戸あった世帯すべてが米づくりをしていました。現在は世帯数も半減し、米をつくる戸数も数えるほどになっています。それでもやはり、春の渋利では田んぼで住民が忙しそうにしている姿を見かけます。

慌ただしい田植えの季節を乗り越え、ほっと一息つく早苗饗のこの日。百万遍は、仏教と深い関わりがあり、別の地域では「南無阿弥陀仏」と唱えながら大数珠をまわすこともあります。渋利の百万遍では、疫病除けや夏の暑さを乗り越えられるようにという、「願立て」の意味もあるようです。

かつては、線香七本分が燃え尽きる

渋利の毘沙門天堂。鳥居がある神仏習合のお堂となっている

まで大数珠をひたすらまわしていました。その頃は、子どもたちも大勢参加し、お堂に入りきらないほどだったと言います。今は集落から子どもの姿もなくなり、百万遍にやってくるのは高齢の住民ばかり。大数珠をまわす時間は一時間と決め、時間が来たら数珠を手元から頭へくぐらせ、終了です。

百万遍が終わったかと思えば、すぐさま直会へとうつります。手際よく動き回るお母さんたちに見とれていると、目の前にはあっという間にご馳走が並んでいました。ある年は、高菜漬け・たくあん・らっきょう酢漬け・豆の煮物・酢の物・煮しめ、と見るだけでも満足してしまう田舎のスローフードが

大数珠は反時計回りに廻される。百万遍は浄土宗に由来する

（下）直会の食事は女性陣の手製。数名が持ち寄る

乾杯の時は自然と笑顔がこぼれる

勢ぞろい。全員分取り分けられ、お神酒もいきわたり、いよいよ乾杯です。今年も無事に田植えを終えたことを互いに労い、少しホッとしているみなさんは世間話にも花が咲きます。

そこで、お母さんたちが重箱を持って立ち上がり、急にせわしく動き始めました。その重箱をのぞくと、いっぱいに「みょうが饅頭」がつめられています。

みょうが饅頭は、夏の間に特に熊本県の宇城・八代地域でつくられる定番のお饅頭です。坂本町でも、みょうがの葉っぱが青々と茂り始める初夏がやってくると、お母さんたちが葉っぱを収穫し、饅頭や団子にくるりと巻いて

ほどよいタイミングで、各々重箱に詰めて持参したみょうが饅頭を全員に配る

蒸し器にいれます。しばらくすると、なんとも爽やかな匂いが漂ってきて、食べる前から幸せな気持ちにしてくれます。そんな夏のおやつを代表するみょうが饅頭が、この直会の主役なのです。百万遍に参加した全員がそれぞれに重箱いっぱいのみょうが饅頭を持参し、他の家庭のものと交換して食べます。集まったみょうが饅頭の葉っぱをゆっくり剝がしていくと、ソーダ饅頭だったり、ヨモギの入った団子だったり、さあ次は何だ?と思わずウキウキしてきます。それぞれの家庭で代々受け継がれたレシピでつくられるみょうが饅頭の味。渋利出身の人は、これを「渋利まんじゅう」と呼び、懐かしん

全世帯分のみょうが饅頭を受け取り、自分の重箱に詰める

「もう帰らんばん」

で食べに帰ってくることもあるそうです。

さて、実はこの毘沙門天堂のご神体、目が合うと目が潰れてしまうという言い伝えがあるそうで、常に目隠しがされています。渋利まんじゅうを食べ終え、お堂を後にするおばあちゃんを見送っていると、稲の苗を植えたばかりの田んぼの風景が目に入りました。果たして、この渋利の美しい田んぼの姿を毘沙門天さんは見ずに我慢できるのでしょうか。

毘沙門天堂から集落を見渡すと、一面に田んぼが広がる
（下）毘沙門天さんは一年中目隠しがしてある

3　みょうが饅頭

上葉木《かみはき》地区
（巻末にレシピ紹介）

だご盛り

坂本の中で祭りのことを、「○○祭り」ではなく「○○盛り」という呼び方をする地区が唯一、存在します。球磨川流域に静かに佇む、葉木の集落です。

旧暦五月二八日の昼下がり、上葉木地区の氏神堂には恒例の「だご盛り」のために、住民七名が集っていました。この氏神堂には観音菩薩・地蔵菩薩・春日大神が祀ってあり、この日は観音さまの祭りとして「だご盛り」が行われます。

「だご」とはみょうが饅頭（団子）のことを指し、坂本の夏のおやつの定番です。旧暦五月二八日は、現在の暦では六月下旬～七月半ば、ちょうど梅雨の蒸し暑い頃と重なります。ある年は七月の七日にあたり、やはりこの日も湿った空気が流れる暑い日でした。

「朝から、だごば作って汗びっしょりになった。今日はもう三回も着替えたばい」と、一人のお母さんが額の汗

住民が持ち寄ったみょうが饅頭。家庭によって作り方も味も異なる

氏神堂は暑い日でも風が通り、気持ちが良い

をぬぐいながら話します。ぬっかね、暑かねえ、という会話で盛り上がる中、別のお母さんがこう言います。「ばってん、ここ（氏神堂）は風の通って涼しかね～」。だご盛りの舞台となる氏神堂は、上葉木地区の中でも一番風通しの良い場所に位置しているようです。

だご盛りでは祭りに参加する全員が、重箱に盛られたみょうが饅頭を持参し、氏神堂にお供えします。それぞれお参りを済ませると、その盛られた饅頭をひとまとめにし、全員で分け合って食べます。

ずらりと並んだみょうが饅頭は、中身が粒餡・こし餡・そら豆餡のもの、生地にヨモギが練り込んであるもの、

堂さんに着いたら、まずはみょうが饅頭のお供えとお参りをする

とバリエーション豊かです。米粉を使った団子の生地ではなく、小麦粉でできたソーダ饅頭もありました。

「だご盛り」は観音さまの祭りとして行われていますが、もう一つ目的があります。田畑の少ない葉木地域では主に林業を生業とし、かつて焼畑で穀物類を栽培していました。この日は、渋利地区の百万遍と同様に「願立て」として、焼畑耕作での作物が無事に成長することを祈り、だご盛りを行ってきました。そして、この日の願いを解く「願ぼとき」が、四か月経った旧暦九月二八日に「芋盛り」として行われます。

観音さまにお供えされたみょうが饅頭

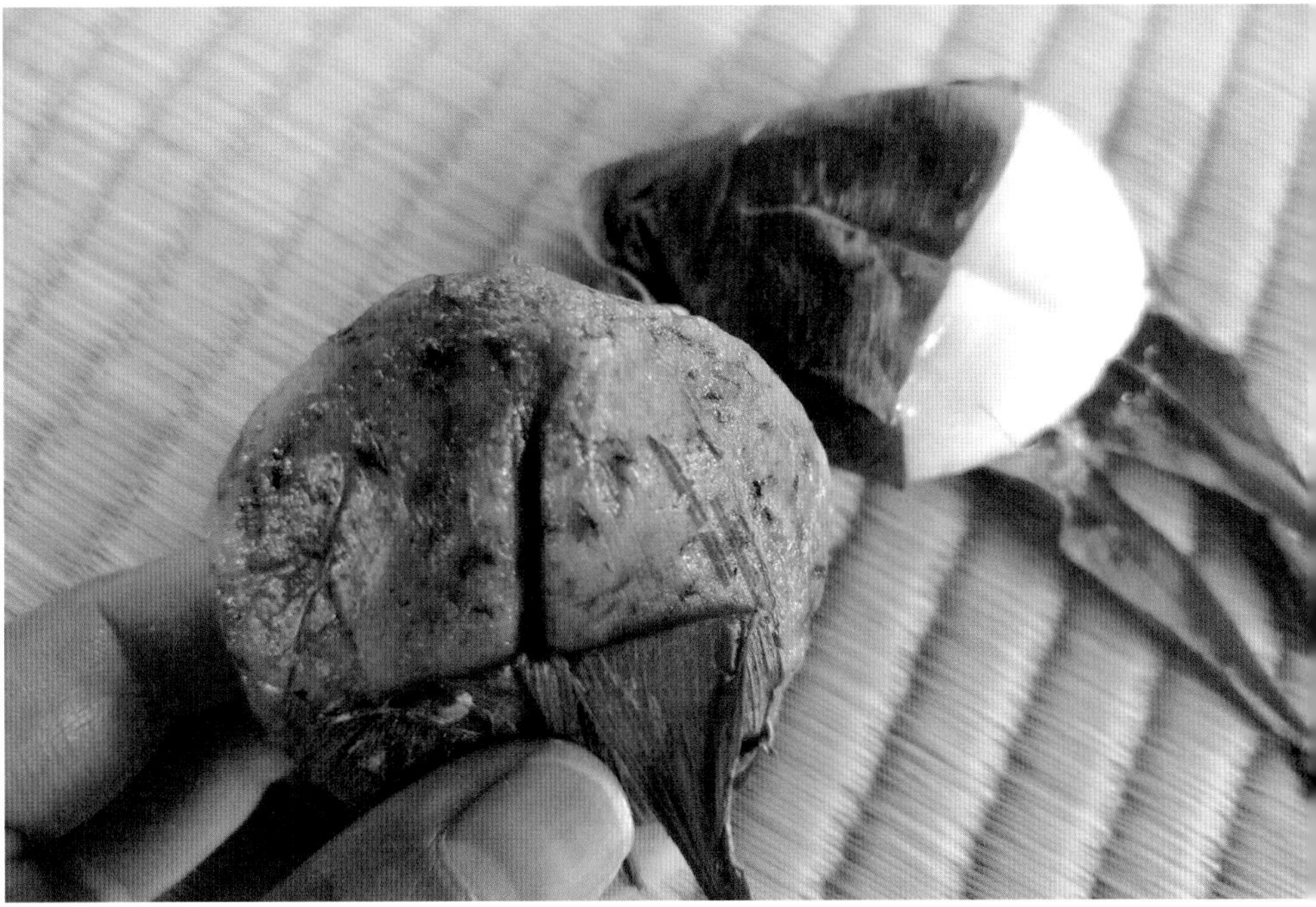

みょうがの葉っぱを剥ぐと、よもぎの入った団子だった。隣は、ソーダ饅頭

（下）堂さんの隣の畑には、みょうがが植えられている

4　シバ巻きだご

坂本各地

お盆の精霊送り

小さい頃から道端でよく見かけていた、その大きな葉っぱの名が「アカメガシワ」であると知ったのは、お盆に坂本でつくられる「盆だご（団子）」と出会ってからでした。

お盆の八月十三日に「迎え団子」でご先祖様をお迎えし、十五日の「送り団子」であの世に送り出すという一般的なお盆のしきたりは、坂本でも何ら変わりません。ユニークなのは、その仏壇に供えられた盆だごの姿なのです。

坂本では、一部の地域で緑の葉っぱに包まれた円錐型の盆だごが見られます。これが、知るひとぞ知る通称「シバ巻きだご」。シバ、とはいわゆる「葉っぱ」のことで、何の葉かというと、どこの里山でも必ず見かける「アカメガシワ」のことを指します。春先に赤い芽を出し、だんだんと柏の葉のように大きくなって、柏が手に入らない際に代用されてきたことから、この名が付いているようです。そんなアカ

坂本町生名子（おいなご）地区で今もつくられる「シバ巻きだご」

メガシワの葉を、坂本の人たちは梅雨が来る前に収穫し、天日干しをしっかりしてお盆まで大事に保存しています。いよいよ出番が来ると、その葉を水に戻して大きくさせてから使用するのです。

実際、どのようにシバ巻きだごをつくるのか見させてもらうと、①まず団子粉をねって細長い形にし、二枚重ねたアカメガシワの葉の中心に載せ、②葉の両端と下部の余った部分で包み、③カヤを紐として、くるくると下からしっかり巻きます。④あとは沸騰したお湯の中にそのまま放り込み、茹で上がれば完成です。

このシバ巻きだごは、坂本町内の複

春先から茂り始めるアカメガシワの葉

（下）坂本の山で採ってきたというカヤ

2枚のアカメガシワを重ねて団子を包む

数の地域で今もつくられています。一方で、全く見たことがないという地域もあり、坂本のシバ巻きだご文化圏が特定できないことが不思議です。坂本だけではなく、近隣の芦北町や津奈木町でも同じ形と製法の盆だごが受け継がれており、かなり限定された地域でつくられる、スペシャルな盆だごに思えてきます。

そもそもシバ巻きだごは、八月十三日の迎え団子ではなく、十五日の精霊送りの際に供える団子であるため、送り団子ならではの言い伝えが残ります。「あの世に戻るご先祖様が、担いで山へ帰って行かれるように、箸に提げて天秤棒にしてあげる」「途中、坂道でつっかえないよう、小さめの団子を包んで短く提げる」などです。箸に提げる団子の数も、「一人分が四個なので、箸の両端に二個ずつ提げた」とか、「十二個で一荷として、精霊さんの人数分つくる」など、地域や家庭によって違いがあります。シバ巻きだごをしばる際に使う紐も、昔は七島藺《しちとうい》だったとか、棕櫚《しゅろ》で巻く等、どうやらシバ巻きだごの正解はなく、各家庭の特徴があります。迎え団子も送り団子もただの丸めたお団子で、さほど見た目が変わらないという家庭にとっては、もしかするとちょっとだけ羨ましいかもしれない、坂本のシバ巻きだごの風習です。

ご先祖様があの世に担いで帰ることができるよう、割り箸に提げる

5　こんにゃく

上鎌瀬《うえがませ》地区
（巻末にレシピ紹介）

こんにゃく祭り

数本の大樹に守られるようにして佇む上鎌瀬地区の氏神堂は、集落の中でも圧倒的な存在感があります。氏神堂を囲うように張られた幕に印されているのは、相良家の長剣梅鉢《ちょうけんうめばち》の家紋で、この地が相良家と深い親交があったことをはっきり表しています。

上鎌瀬地区（旧鎌瀬村）のおこりは、南北朝時代まで遡ります。後亀山《ごかめやま》天皇の頃、南朝方の公家衆の一人・日野大《ひのおお》隈駄左衛門守《くまだざえもんのかみ》が、九州征西府の再興に向け、島津氏久《しまづうじひさ》・相良前頼《さがらさきより》の協力を依頼するため派遣されます。しかし一三九二年、ついに南朝と北朝が合体し南朝勢力は次第に衰退してしまいます。日野大隈駄左衛門一行が、一時的に身を隠すためにたどり着いた先が、上鎌瀬の集落でした。標高一二〇mに位置する、小高い土地にある集落の下は断崖絶壁、そのまま球磨川へと落ち込んでいます。まさに自然の要塞のような地形です。日野氏はそこに館を築き、

上鎌瀬の広場から見える氏神堂

島津・相良両氏来客の対応に使います。その後も相良氏との親交は続き、上鎌瀬の地は相良氏の八代進出の拠点として重要な役を担っていたのです。

それから六〇〇年以上の時が流れた今、そのような歴史があったことが信じられないほどに、上鎌瀬には穏やかでほのぼのとした雰囲気が漂っています。静かな森があり、畑の日当たりはよく、なんと言っても豊富な湧き水があり、住民からは「井川」と呼ばれ、洗い場や飲料水の汲み場として大切にされています。敵が容易に攻め入る心配もなかったこの地では、住民は長年安心して豊かな暮らしを営んできたことでしょう。ここには、いつもゆった

水道が整備される前、住民はこの井川で水汲みをしていた。今でも生活に使われている

りとした時間が流れています。

そんな上鎌瀬の旧暦九月十八日は、一大行事の村祭りの日です。しかし、実はその前夜に行われる御夜祭りの方が、村祭り当日よりもはるかに盛り上がります。それが、通称「こんにゃく祭り」です。

こんにゃく祭りの準備は、まだ明るい時間から始まります。まずは公民館の台所で、女性が大鍋にこんにゃく料理をつくります。祭りの名前になっているほどなので、こんにゃくはこの祭りになくてはならない食材なのです。祭りの運営や準備は「出前」と呼ばれる三名が担当し、役は一年ごとに交代します。昔は青年団が担っていたようで、その頃は祭りのために集落の一軒一軒からこんにゃくを集めていたと言います。現在は市販のものを購入していますが、上鎌瀬でこんにゃくと言えば、かつては全家庭で当たり前につくっているものだったのです。

さて、肝心のこんにゃく料理はどんな味付けなのでしょうか？よくよく見ると、小さな赤いもの…唐辛子が入っています。こんにゃく祭りでは、この唐辛子を多めに入れ、ピリ辛に味付けするのがお決まりのようです。「青年団が担当しよった頃は、わざと大量に入れよらしたよ」と、昔のことをよく知るお母さんが教えてくれました。こんにゃくを砂糖、しょうゆ、みりんで炊いて、唐辛子をしっかりと入れたら、伝統あるピリ辛の味が完成です。

出前の人は、出来上がったこんにゃく料理をまず、氏神様へお供えします。それから集落の中心にある広場へ移動し、火を起こします。ちょうどあたりが暗くなり始めた頃に、パチパチと火が大きく燃え出しました。その音を祭りの始まりの合図にしたかのように、おばあちゃんたちがぞろぞろ姿を現します。そして、おばあちゃんたちが迷わず向かったのは、氏神堂でした。氏神様でお参りを済ませると、広場の火の周りに集結です。さあ、ここからは焚火を囲んでの宴が始まります。

広場では、集まった住民がお神酒を

大鍋につくられるこんにゃく料理。昔はくじらの肉も入れられた
（下）こんにゃくはまず、氏神堂へ供えられる

広場に運ばれ、最後の仕上げがされる

（下）直会の前に、氏神堂に参る

広場で火を囲み、こんにゃくを肴に酒を酌み交わす

酌み交わします。ここでいよいよ、主役のこんにゃく料理の出番です。燃え上がる炎を目の前に、全員が大鍋に炊かれたこんにゃくを食べます。身体が自然と温まってくるのは、焚火のおかげかそれとも唐辛子がしっかり効いているからでしょうか。「今年はちょうどよか辛さね」「何年か前は辛くて食べられんだった」と、そんな声も聞こえてきました。毎年、出前の人の塩梅で唐辛子を入れるため、その年によってこんにゃくの辛さが微妙に違うのです。

このこんにゃく祭りでは、氏神様の他にあと二ヶ所、お参りをせねばなりません。一つは、この上鎌瀬の土地に

霊屋さんは、集落の小高い場所に隠れるように存在する

日の宮さんは、日隈家の敷地内に大切に祀られている

霊屋さんでもこんにゃくを食べる。他にもご馳走が用意される

（下）今も昔も、霊屋さんでは遅い時間まで盛り上がる

住み着き、集落のおこりとなった日野氏が祀られている「日の宮」へ。残る一つは、日野氏に同行していた主席家老・蓑田喜六直左衛門が祀られている「霊屋《たまや》」です。この日に、氏神堂・日の宮・霊屋を三社参りすることが、古くからのしきたりです。

広場で火を囲み、こんにゃく料理を食べていた人たちは、「さあ、そろそろ上にも上がってみらんばんね」と移動を始めました。どうやら、三社参りの行き先のひとつ、「霊屋」へ向かうようです。霊屋への道のりは電灯もなく、少し不気味です。狭い小道を通って、急な階段を昇ると、突如明るく眩しい建物が目に入りました。「ようこそ来たね、いらっしゃい」。出迎えてくれるのは、この霊屋を管理している蓑田家の人です。ここでも住民は、お参りを済ませると広場の時と同じように酒を飲みのみ、こんにゃく料理を食べます。こんにゃくの他にも紅白なます、ちくわ天ぷら、野菜の天ぷら、生姜の佃煮などが並び、これがまたまた、酒がすすむのです。

「おう、やっと来たね」。広場にいた住民が入れ替わり立ちかわり、この霊屋へお参りに訪れます。そしてお酒を飲んで大笑いしては帰り、また新しい人がやって来て…と、それが夜遅くまで繰り返されます。昔、青年団として祭りを運営し、盛り上げていたという

男性陣はこんにゃく祭りの日は酒がよく進む

七十代のお父さんはこう話します。「俺たちのわっか（若い）頃は、夜中にお月さまが見えてくるまでどんちゃん騒ぎしよったばい。最後はみんなで大合唱たい！」

時が流れ、昔とは対照的にしっぽりと行われるようになった上鎌瀬の御夜祭り。集落の上で静かに欠けていく十七の月は、どんな時代もこの日の夜を明るく照らしています。

6　甘酒

上葉木地区

甘酒盛り

坂本町でも珍しい、「祭り」を「盛り」と呼ぶ上葉木地区では、旧暦の九月に二つの「盛り」が行われます。

その一つ、「甘酒盛り」は旧暦九月十七日に、翌日・十八日の地蔵さま祭りの御夜《ごや》として行われています。祭りとは、当日より前夜祭である御夜の方が賑わうことも珍しくありませんが、この「甘酒盛り」もそんな御夜のうちのひとつかもしれません。

この日は日暮れが近づくと、上葉木の人たちはお地蔵さまがいらっしゃる氏神堂へ集まります。上葉木地区の氏神堂には、春日大神と観音菩薩、そして地蔵菩薩が祀られています。地蔵菩薩は二つあり、「日限りの地蔵菩薩」と「子育て地蔵菩薩」であると言われています。

さて、「甘酒盛り」にお供えをするのは、もちろん「甘酒」です。手作りした甘酒や購入した市販の甘酒を各々持ち寄って、氏神堂のご本尊に供えま

夕暮れが近づくと、住民は氏神堂へ集う

（下）各自持ち寄った甘酒をお供えする

氏神堂には「日限りの地蔵菩薩」「子育て地蔵菩薩」の２つのお地蔵様が祀られている

す。到着した順にお参りを済ませると、お堂で車座になります。

「ドポドポドポ…」

何の儀式が始まったかと思えば、お供えされていた甘酒全てが開封され、ひとつの容器に注がれています。この年は七世帯から集まっていた為、七軒分、すなわち七種類の甘酒がミックスされていることになります。甘酒をしっかり混ぜ合わせると、最後は湯呑みに分けられ、参加者全員の元へ行き渡りました。

静かに乾杯をし、みんなでぐいっと甘酒をいただきます。するとふと目の前に、お漬物が並んでいることに気がつきます。「みなさんどうぞ食べてく

お供えされた甘酒を全て、
ひとつのボウルに合わせる

（下）まとめた甘酒を全員分の湯呑みに注ぐ

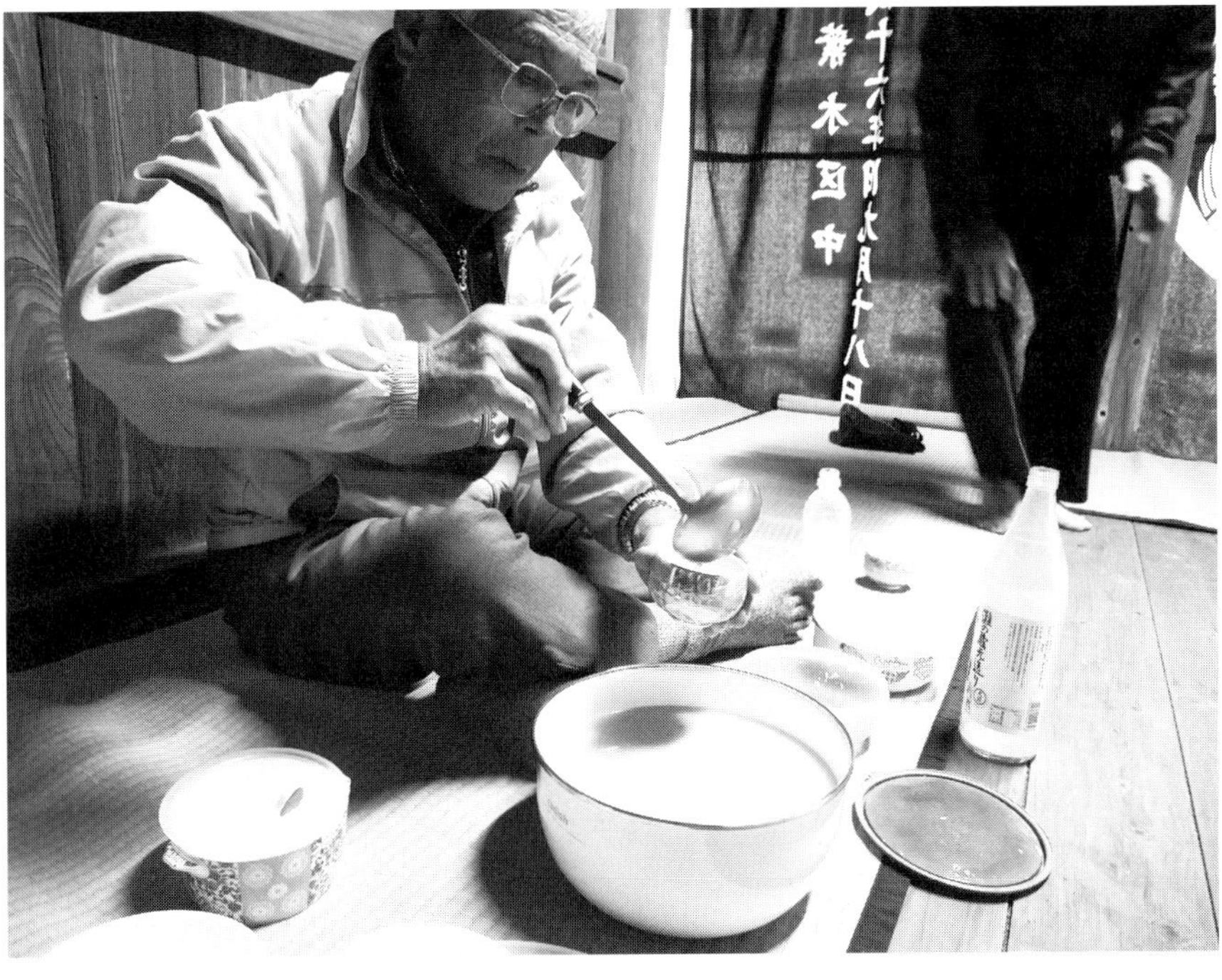

甘酒だけでなく、生姜の味噌漬けやジャンボ柚子の甘露煮も登場

ださい」女性陣が、手製のお漬物やお菓子を持ち寄りしていました。しっかり漬かった生姜の味噌漬けと、ちょっとほろ苦い柚子の甘露煮が、甘酒に不思議と合って、より一層すすみます。

この地区では甘酒をよく飲む習慣があり、甘酒を一年中つくる人もいるそうです。中には、焼酎を入れて飲む人もいて、日常でも甘酒が身近な存在であるようです。上葉木地区には一八五〇年頃からの記録が遺っているそうですが、その頃から甘酒がつくられ、「甘酒盛り」も行われていたのでしょうか。

女性陣が毎年手づくりのお茶請けを持ち寄る

（下）氏神堂に施される彫刻も圧巻である

7　煮しめ

上鎌瀬地区

願解《がんぼと》き

旧暦の九月二九日は、上鎌瀬地区の氏神堂祭りの日です。その前日である二八日の夜になると、氏神堂に地区の人たちが続々と集い、賑やかな宴を開きます。上鎌瀬では「願《がん》ぼとき」（願解き）と呼ばれ、「作物が豊作になるように」と夏場に立てた願い（願立て）を、秋の実りの時期に解いてお祝いをするものです。旧暦九月二九日は秋も真っ只中で、野菜に、豆に、芋にとあらゆる作物が採れる頃。願ぼときでは、そんな秋の美味しい食材を煮しめにして、参加者全員が重箱に詰めて持参します。各自で氏神様にお参りをし、お神酒で乾杯をしたら宴の始まりです。もちろん、氏神様にも煮しめを供えます。

持ち寄った煮しめは、自分の重箱から他の参加者の分を取り分け、みんなで食べます。目の前には次々と他の家庭の煮しめも並び、さあ、どれから食べようかと迷ってしまうほどです。里

願解きに持ち寄られた煮しめ

芋、人参、ごぼう、大根、こんにゃく、椎茸、たけのこ、ちくわ天ぷらに厚揚げもあります。煮しめは、同じ食材でも家庭によって切り方や味が異なることが、食べ比べてみるとよく分かります。

煮しめ以外にも、おいなりさんに巻き寿司、ごま塩おにぎり、野菜や海老のかき揚げをつくってきた方もいました。「ほら、うちの芋天は美味しかけん食べんね！」と、すすめられた大きな芋天を一口食べると、なんとも衣がザクザクで絶妙な塩加減、あっという間に平らげてしまいます。男性陣は、そんな豪華な肴を目の前に、お酒がどんどん進むのです。

よその煮しめを食べながら酒を飲み、世間話にも花が咲く

翌日の氏神堂祭りの御夜《ごや》、いわゆる前夜祭でもあるこの祭りは、かつては筵《むしろ》を敷いて行われていたそうです。そのことから、別名「むしろ敷き祭り」とも呼ばれていました。「昔はもっと人がおって、子どももうじゃうじゃおった。この堂さんに入りきらんけん、外にもずらーっと筵ば敷きよったよ。秋の上鎌瀬は、『こんにゃく祭りが終わったら、今度はむしろ敷き祭りばい』って。みんな楽しみだった」と、八〇代のお母さんは懐かしそうに話しました。

目の前には５軒分の煮しめが並んだ。全部食べるのは難しそうだ

（下）暗闇の中で、氏神堂だけが明るく集落を照らす

8　里芋

上葉木地区

いも盛り

上葉木地区で旧暦九月に行われる二つの「盛り」。十七日の「甘酒盛り」を終えると、残る一つは二八日の「いも盛り」です。

作物が無事に成長することを祈る「願立て」として、旧暦五月二八日に行われた「だご盛り」から、丸四か月が経ちました。「いも盛り」は、その四か月前の願いを解く「願解き《がんほとき》」の日です。

「いも盛り」の「いも」とは、主に里芋のことで、この日は各家庭ごとに里芋を蒸かして持参し、氏神堂へお供えします。供えられた里芋を見てみると、皮つきのままのもの、皮がむいてあるもの、潰してあるもの等、家庭によって様々です。サツマイモを持参した人もいます。

上葉木の人たちは里芋を供えると、「だご盛り」や「甘酒盛り」と同様、氏神さまへ手を合わせてしっかりお参りをします。今年も作物が収穫できた

氏神堂にお供えされた里芋

ことをご報告すると、待ちにまった直会の始まりです。

持ち寄った里芋は、よその家庭のものと交換して食べますが、この日は他にもたくさんのご馳走が並びます。重箱いっぱいに詰められた山盛りの白いご飯。栗の天ぷらに冬瓜の酢の物、こんにゃくのお煮しめ。自家製酢味噌はマッシュされた里芋に。どれも丁寧に手作りされたものばかりで、秋の食の豊かさを感じずにはいられません。ホクホクして食べ応えのある蒸かし里芋、ねっとりクリーミーなマッシュ里芋、同じ里芋なのに全く違うものを食べているようで、なぜかお得にも思えてきます。

直会でそれぞれ持ち寄った里芋をいただく

（下）里芋の他にも、冬瓜の酢の物やこんにゃくの煮しめ等ご馳走が並ぶ

マッシュされた里芋

昭和の初期までは、この葉木の山の斜面で焼畑耕作がされ、そこで里芋などのイモ類も栽培されていたといいます。時が流れて焼畑耕作も途絶え、今では集落の小さな畑で里芋がつくられるだけとなりました。

さて、実は上葉木地区では、旧暦の九月二九日が「村祭り」とされています。この「いも盛り」はその前日に行われるため、村祭りの御夜の意味もあるようです。

「昔は村祭りでは、球磨川のそばに土俵がつくられて相撲ばとりよった。出店も来とって、相撲に勝ったらお小遣いが貰えるけん、そのお金で買い物ばしよった」お父さんが懐かしそうに、昔話をしてくれました。

集落の畑で栽培されている里芋

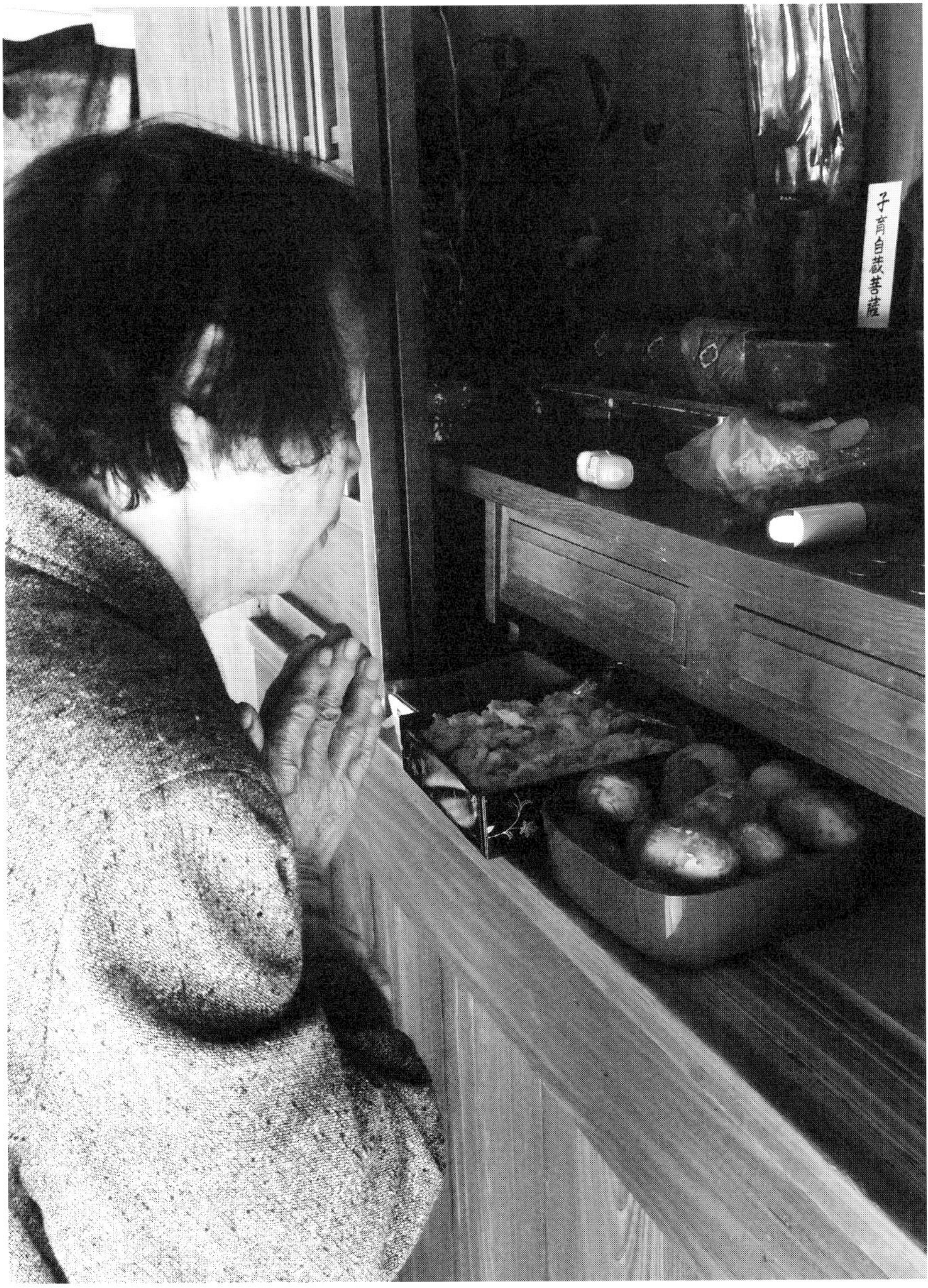

里芋をお供えしたら、氏神様に手を合わせる

9 餅

段《だん》地区

もぐら打ち

「十四日のもぐらんぽ、もぐらは山さめ〈山へ〉はってけ〈行ってしまえ〉～！」子どもたちの元気な声が、段地区の山に響きます。「もぐらんぽ」という愛称で親しまれている段地区のもぐら打ちは、かつては小正月の前日である一月十四日の早朝に行われていました。一度途絶えたこの伝統は、平成になって復活し、現在は小正月前後の日曜日に実施されています。子どもが少なくなった最近では、段地区出身者の子どもや孫も参加し、地元の子どもたちと溶け込んで賑わせてくれます。

この日は無病息災と五穀豊穣を祈るため、地区の全世帯、約二〇戸をくまなく回り、専用の棒で庭先を思い切り叩きつけます。もぐらんぽで使う棒は、細長い竹の先端にワラが巻き付けてあり、大人たちの手作りです。保育園児から大人まで幅広い年代の参加があるため、短い棒もあれば、子どもの背丈の倍以上のものもあります。冬の寒さ

家の前の道路で思い切り地面を叩きつける。日曜日なので車はほとんど通らない

（下）もぐらんぼ　住民で事前に手づくりする

家主からお礼のお菓子を受け取る

が極まるこの時期でも、子どもたちは潑剌《はつらつ》と振る舞い、庭先を叩いては家主から御礼のお菓子を受け取って得意顔です。昔はお菓子でなく、餅や蜜柑だったそうで、「貰えない時は悪態をつきよったよ」と、かつて少年だったお父さんが教えてくれました。

はじめは控えめだった子どもたちも、叩き方がだんだんエスカレートしていき、ついには棒が割れてしまうほど。これだけ叩けば、本当にもぐらも「山さめ、はってく」ことでしょう。

いざ、もぐらんぽ！

第Ⅱ章

川のまつり

10　ナスときゅうり

油谷《あぶらたに》地区

川祭り

明治時代、坂本の地に九州最古の近代的工場が誕生しました。坂本の豊かな川の水と山を資源とし、一世紀近くの間、紙の生産が行われていました。今となってはすっかり過去の出来事で、工場跡は公園や多目的広場に変わり、週末は多くの家族連れで賑わう空間となっています。かつて工場の機械音が轟いたこの一帯に、現在聴こえてくるのは子どもたちがキャッキャとはしゃぐ声。そんなこの地の変遷を一番近くで見てきたのは、紛れもなく油谷地区の住民です。

油谷地区は、明治二九年に工場の建設が始まったのを機に、集落ごと現在の場所へ移転をしています。地区の高台にある公民館も、工場があった場所から移築したものです。

夏の土用入りをして三日目となったこの日、油谷公民館には朝から多くの住民が集い、「川祭り」の準備に取りかかっていました。

祭りの前に直会の食事を準備する女性陣

見ると、公民館にいたのは全て女性で、祭りの後の直会用の食事を手際よく準備しています。

「これから男の人たちが、川に持っていく笹に飾りつけばするよ」とお母さんたちに教えてもらい、慌てて公民館を後にして、階段を下りていきます。その時、ふと目の前に、公園の敷地ほとんどを見渡せる絶景がひろがっていることに気がつきました。住民はかつてここから、大きな音をたてて稼働する工場を望んでいたのだろうか？なんてことを想像していると、階段を下りるペースが自然とゆっくりになります。

作業の現場に到着すると、地区の男性三名が、山から切り出したばかりの

竹笹にお供え物のきゅうり、なす、素麺（乾麺）、煎餅が吊るされた

竹笹を横にしているところでした。川祭りではこの一本の竹笹にお供え物を飾り、地区を流れる油谷川で水難防除を祈ります。

「昔は男の参加も多かったばってん、今は女性ばっかりだけんな」と少し寂しそうに話してくれたのは、工場のあった時代からこの地で床屋を営んできたお父さんです。人手が足りないことに気付いたお母さんたちが遅れて駆けつけると、竹笹にお供え物を吊るす作業が始まりました。吊るしていくのは、ナスにきゅうり、素麺、煎餅です。麻紐で一つずつ丁寧に結びつけると、お供え物で重たくなった竹笹が油谷川へ運ばれていきます。川原に到着すると、竹笹が立て掛けられ、ここから川祭りの儀式の始まりです。

まず、持参したお神酒を川に捧げます。その後、お猪口に注がれたお神酒をそれぞれ全員が川に捧げてから、口にします。そして、竹笹に吊るしたお供え物を次々と川へ流していきます。滔々《とうとう》と流れる油谷川に身を任せるよう、ナスや煎餅が流れていく様は少し可笑しな光景にも思えました。そんな中、「川の神様、どうぞおあがりください。今年は河童が悪さをしませんように」と言った一人のお母さんの言葉が胸に響きます。この年の川祭りは、未曾有の豪雨災害に襲われて以来、初めての開催でもありました。

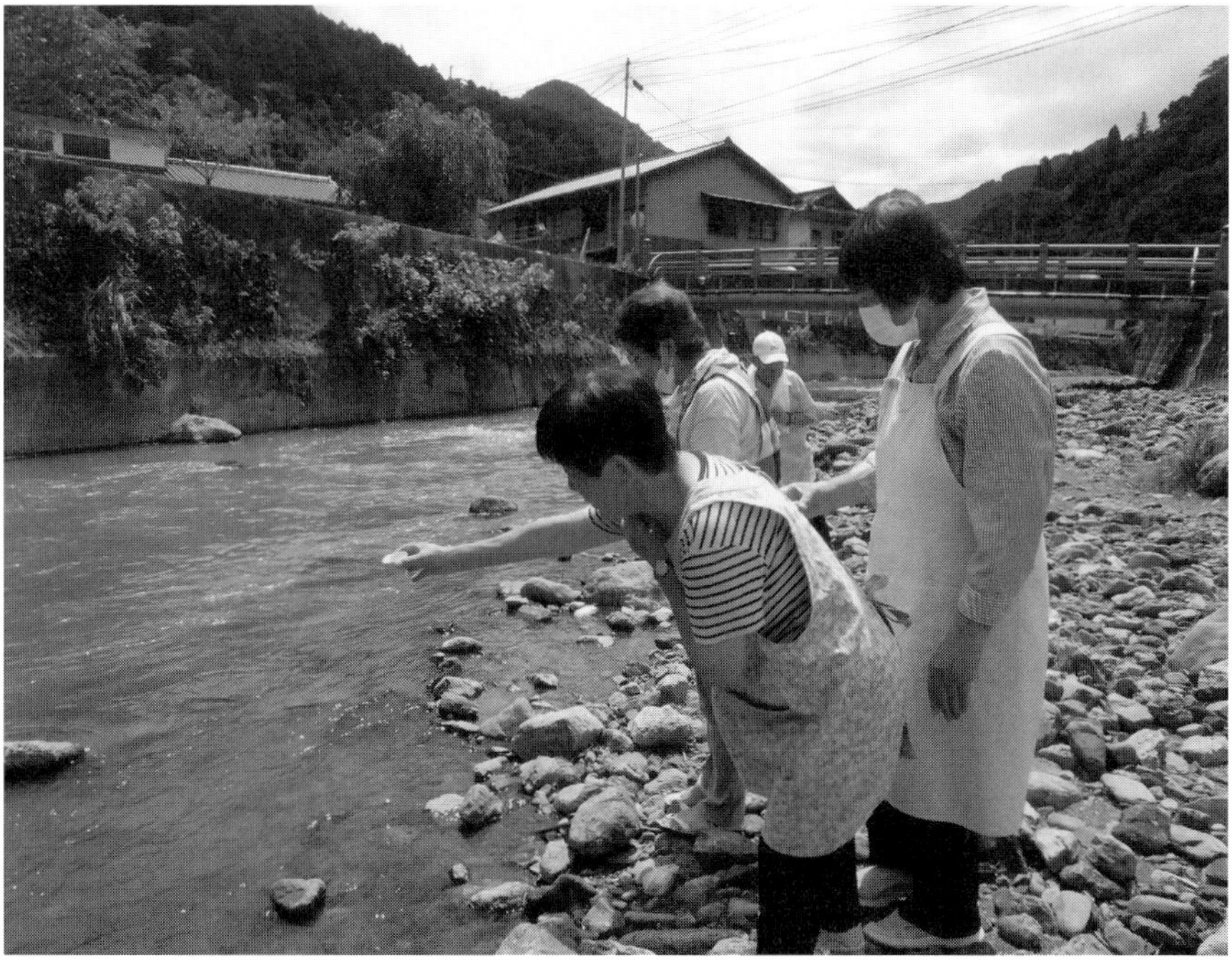

油谷川に到着すると、まずはお神酒をあげる

お供えものは全て流さず、半分ほど残され、一連の儀式が終了しました。残された竹笹はしばらくの間、川原に飾られます。子どもが多かった時代は、二箇所に分かれてこの川祭りが行われていたそうです。

川祭りはこれで終わりですが、油谷地区ではもうひとつの風習「百万遍」が公民館で行われます。

百万遍は、一章で登場した「渋利地区の百万遍」と同様、疫病除けや作物の豊作、そして夏の暑さを乗り切ることを願う「願立て」を象徴する儀式のひとつです。浄土宗に基づくもので、念仏を唱えながら輪になり、巨大な数珠を全員でまわしていきます。こ

お供え物を吊るした竹笹を立て掛ける

この百万遍の大数珠をよく見ると、ところどころ、更に小さな輪っかが施されていることに気付きます。みなさんに尋ねると、昔からこの輪っかを身体の調子が悪い箇所に当てると、良くなるという言い伝えがあるとのことです。「頭がよくなりますように」と、頭に当てて、笑いを誘うお母さんの姿もありました。

百万遍が終わったところで、待ちに待った直会です。メニューはいつも「素麺・生豆腐・酢の物・ちくわ天ぷら」と決まっているようで、朝から女性陣が準備したご馳走が並びます。明治から令和まで、目まぐるしくこの土地の姿は変わってきましたが、住民が

竹笹に吊るされたお供え物を川に流していく

（下）直会の食事はいつも決まったメニュー

百万遍。輪っかの部分を患部に当てるとよくなるという言い伝えがある

川祭りと百万遍で祈る姿は、きっとこれからも変わらない夏の土用の風景です。

男性陣が首を長くして待った直会

（下）竹笹は、お供え物を少し残した状態で、しばらくの期間川に飾っておく

11　素麺

中津《なかつ》道《みち》地区

川祭り

夏の球磨川は、時に勢いよく豪快に流れていきます。水が速く流れる場所には「瀬」ができ、古くから船頭や漁師たちは、そんな瀬に名前を付けてきました。

中津道阿蘇神社の目の前を流れる球磨川にも、白く輝く瀬が見えます。地元では「宮ン瀬《みやんせ》」と呼ばれています。毎年、宮ン瀬の音がゴーゴーと鳴り始める七月の海の日の頃が、ここ中津道地区で川祭りが行われる時期です。

中津道の川祭りは、お寺の住職がお経をあげるところから始まります。阿蘇神社の敷地から球磨川へ繋がる坂道を下りた場所から、球磨川へ向かって拝みます。お経が終わると、祭りの世話役がお供えものの素麺を持って川原へ下り、球磨川にそのお供えものを流していくのです。ゆがいた素麺が、母なる球磨川の瀬に乗ってザブンと流れていきます。

儀式の後は、阿蘇神社で直会です。

母なる球磨川。白く見えるのが「宮ン瀬」
（下）お供え物の素麺を流す

直会では全員で甘酒をいただく

いつも、素麺・生豆腐・甘酒をいただくと決まっています。甘酒は世話役の手作りで、中津道の川祭りで飲む冷たい甘酒は、暑い日の身体にしみわたる優しい味がするのです。

すぐそばの光専寺から住職が来て、球磨川に向かってお経をあげる

12　おもてなし料理

七夕綱《たなばたつな》

木々子《きぎす》地区

　球磨川の支流のひとつ、中谷川に沿って上流へ向かうと、いくつかの集落がぽつんと現れます。そのまま進むと道がだんだん狭くなり、人けもない薄暗い森の中へ吸い込まれそうで不安になります。すると突如視界が明るく開け、美しい谷あいにある里山の風景がひろがります。ここは木々子と呼ばれる集落で、いつ来てもどこか懐かしく、そしてここではなぜか目には見えない不思議なパワーを感じます。

　そんな木々子の里のパワーが一年の中で最も大きくなる日が八月六日、月遅れの七夕行事の日ではないかと私は勝手に信じています。

　この日は早朝から、地蔵堂に住民が集い、祭りの準備をすすめます。地蔵堂は、木々子の中でも小高い場所にあり、ここへ続く急な階段をのぼっていかねばなりません。杖をついたおばあちゃんたちが、階段を一段、また一段とゆっくり昇っていくところから、一

七夕綱張りの後に住民が振る舞うおもてなし料理。これを楽しみに七夕綱に訪れる人もいるほど

地区のおばあちゃんたちは杖をついて一歩一歩あるく

日が始まります。

「ドン、ドン、ドン、ドン」

息を切らしながら階段をのぼり終えると、豪快で少し鈍い音が響きわたっていました。見ると、男性が石材の上に稲ワラを載せ、力強く木槌で叩いています。この日の七夕の風習に欠かせない存在であるのが稲ワラです。木々子のみなさんはこのワラを綯《な》って、一本の長い綱をつくっていきます。

木々子の八月六日の風習は「七夕綱」と呼ばれ、ワラでつくられた長い綱に同じくワラでつくった細工物を吊るし、集落を流れる川に張り渡す七夕行事です。

現在坂本町で木々子以外にこの風習

ワラを木槌で叩くのは、柔らかくして綯（な）い易くするため。ワラは事前に水で湿らせておく

が残る地域はなく、隣接する芦北町（熊本県）の一部の地域で受け継がれるのみとなりました。九州の中でも、この地域だけの珍しい風習です。

木々子においての七夕綱の意味は、「織姫と彦星が出会うための綱」「集落に疫病が入るのを防ぐための結界のようなもの」「お盆にご先祖様が帰ってくるために渡る綱」など諸説あります。元々は、月遅れの七夕前夜である八月六日の夜に綱を張るのが伝統でした。しかし、現在は祭りの担い手が高齢者ばかりとなり、夜でなくても人が集まるため、六日の早朝から行うことになっているようです。

二〇一五年に「八代・芦北の七夕

細工物のつくり方を住民に習う見物客

綱」という名称で国選択無形民俗文化財になって以来、町外からの訪問者やマスコミの取材が絶えず、行事の日には、ひっきりなしに人がやってきます。七夕綱のクライマックスは、やはり完成した綱を川に張り渡す瞬間なのかもしれませんが、最近では早朝から準備をする様子を見るため、地蔵堂に見物に来るファンもすっかり多くなりました。

地蔵堂では綱だけでなく、綱を引き立てる細工物がつくられる様子を見ることもできます。むしろ見物客のためのデモンストレーション的な要素が大きく、実は木々子のみなさん、前日までにほとんど必要な細工物をつくり終

事前に制作した細工物は、当日の朝公民館に並べられている

（下）見物客と一緒に細工物を吊るしていく。「彦星と織姫が無事に出会いますように」

えています。だから、当日ちょっぴり余裕のあるおばあちゃんたちは、見物客に体験教室までさせてくれるサービス精神たっぷりの体制ぶりです。

朝一番に見物客の心をぐっと掴んだ木々子のみなさんは、七夕綱を完成させ、いよいよ集落を流れる川へ向かいます。ここからは、もうすっかり見物客も住民と打ち解け、一緒になって細工物を七夕綱に吊るしていきます。

細工物には、蓑・ワラジ（人と牛のワラジそれぞれ）・アシナカ・扇など人が身に着ける物や道具、そして鶴・亀・タコ・馬などの動物もあり多様です。中でも「卵」は、七夕綱が受け継がれる他地域では見られない、一風変わった細工物として珍しがられています。この卵、七個を連結してあるものと、六個のものがあり、一見、特に意味はないように思えますが、実は大きな秘密が隠されていました。「七と六、足したら十三。十三＝〈とおさん〉で、厄ば通さん！〈通さない〉て意味のあっとばい」と、七夕綱保存会のおばあちゃんが教えてくれました。

賑やかな細工物たちを長い綱に吊るし終えると、あとは最後の大仕事！　女性よりもはるかに少ない男性陣が、待ってましたとばかりに体を張って、綱を天に掲げます。その年によっては、全長四〇ｍを超えることもある長い長い、立派な綱です。「ちゃんと川に張ることができるのだろうか？」という見物客の心配をよそに、慣れた手つきであっという間に七夕綱は張り渡されました。

　七夕綱をバックに、その場に居る全員で集合写真を撮るというお決まりの儀式を終え、ほっとしているのも束の間。「はい、みなさん、公民館で直会をしますので、食べていかれて下さい」という、保存会会長の呼びかけに、すっかりお腹が空いていることに全員が気づきます。

　見物客は断る理由も遠慮する理由もなく、不思議な一体感を保ったまま、公民館での打ち上げが続きます。

　この直会の食事が楽しみで来るという人もいるほどで、そのことをよく知っている木々子の女性陣は、早朝から腕によりをかけて食事の準備をします。

　食事のメニューは、おにぎり・だご汁・煮しめ・なます・漬物など、どこか懐かしくなるような、まさに「お母さんのつくるご飯」。始まりから終わりまで一貫した木々子のみなさんのおもてなし力に、心も胃袋も摑まれた見物客のみなさんは、「来年もここに来れますように」と七夕綱へ願うのです。

（上・下）全長 40m にもなる木々子の七夕綱。豪雨災害以降の 2020 年からは半分以下の長さになった

恒例の集合写真。住民も見物客も一体となる瞬間
（下）だご汁、酢の物、漬物に煮しめなど素朴な田舎料理が並ぶ

13 白餅

上鎌瀬地区

総供養

　正月気分がまだまだ抜けない、新年一月五日の早朝、上鎌瀬地区の人たち数名が球磨川の川原で石を拾っています。片手いっぱいで掴めるほどの平たくて丸い石を拾わねばならないと言います。これから行われる「総供養」のために、この石は欠かすことができないのです。なぜ正月五日の極寒の日に、上鎌瀬の人たちは川原で石を拾っているのでしょうか。それは、この土地に古くから残る言い伝えに由来します。

「…ある年のお正月。正月も五日となり、暇を持て余していた若者たちは、川向かいのお寺に人々が御参りにきているると気付く。それを見た一人が、お寺で説教を聴いている人たちを驚かせるために、『上鎌瀬は火事だ～』と叫んだ。寺参りに来ていた人たちは全員慌てて舟に乗り、上鎌瀬へ向かった。その時、あまりにも勢いよくお寺を飛び出したため、河童の親子が踏み潰さ

総供養の日に持ち寄られる白餅

れて死んでしまった。それからというもの、上鎌瀬の住民による球磨川での水難事故が多発するようになった…」

このことは後に、「河童の祟りである」と恐れられ、上鎌瀬では死んだ河童の供養「総供養」を行うようになりました。

総供養ではまず、球磨川の川原の石を三六五個拾うことから始まります。この三六五という数字は、一年間の日数を表しており、うるう年には三百六十六個拾わねばなりません。石を拾った後は、三六五個の石全てに「南無阿弥陀佛」と書いていきます。昔は筆で書いていたそうですが、今は油性

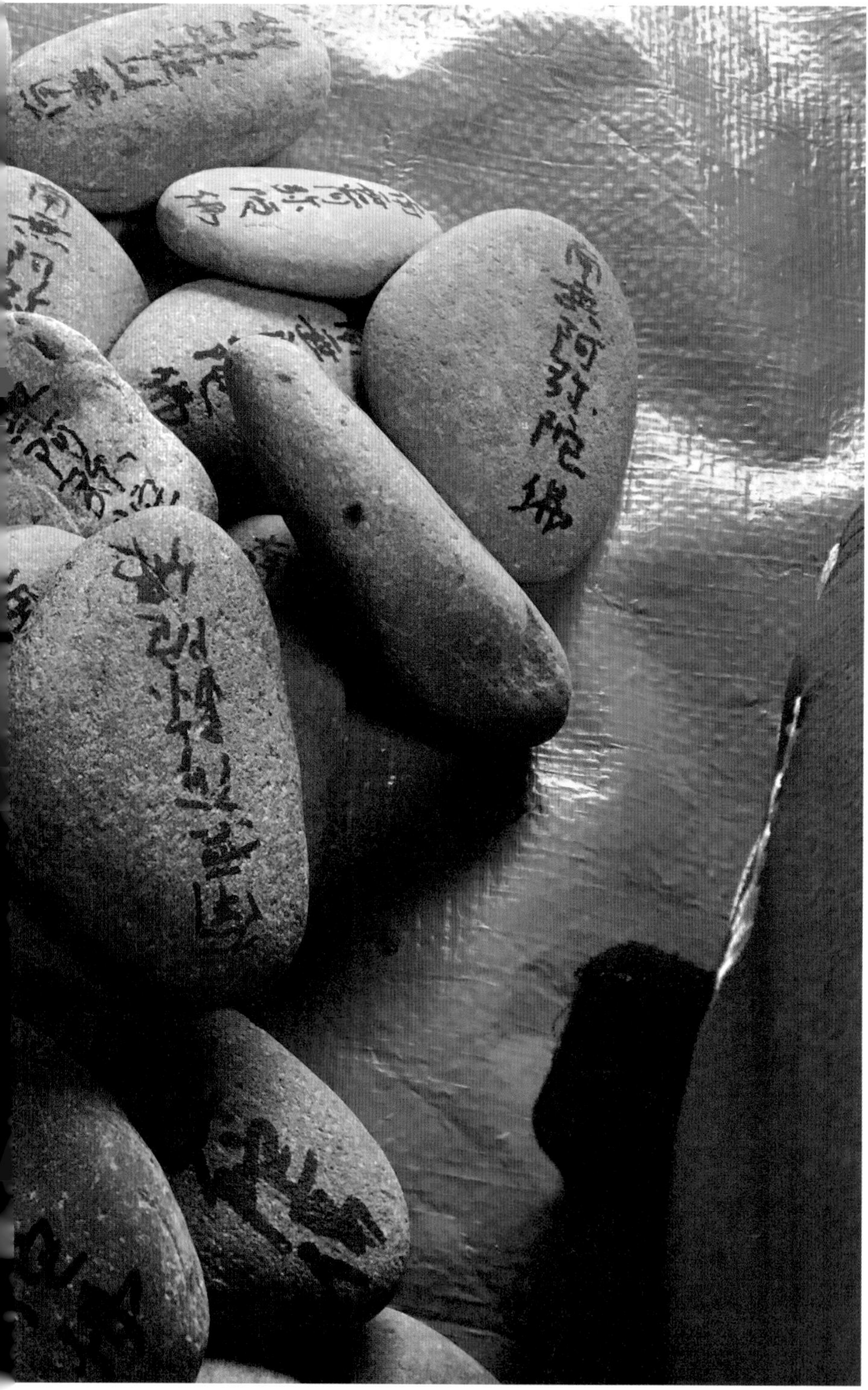
南無阿弥陀仏

365個の石全て、裏表に「南無阿弥陀沸」と書かれる

総供養の日は朝から球磨川の川原で石を拾う

（下）公民館へ戻り、ひたすら石に「南無阿弥陀沸」と書く。かなりの時間を要する

弦書房
出版案内

2023年 春

『小さきものの近代 1 』より
絵・中村賢次

弦書房
〒810-0041 福岡市中央区大名2-2-43-301
電話 092(726)9885 FAX 092(726)9886
URL http://genshobo.com/ E-mail books@genshobo.com

◆表示価格はすべて税別です
◆送料無料(ただし、1000円未満の場合は送料 250円を申し受けます)
◆図書目録請求呈

新刊

【新装版】江戸という幻景

渡辺京二　江戸期の日本人が残した記録・日記・紀行文から浮かび上がる、近代が滅ぼした江戸文明の幻景。『逝きし世の面影』の姉妹版。解説／三浦小太郎　1800円

明治四年 久留米藩難事件

浦辺登　明治新政府によって闇に葬られた反政府事件の全貌に迫る◆戊辰戦争後、第二維新を叫ぶ士族草莽らの拠点となった〈久留米藩〉に光をあてる。　2000円

福祉の起原

安立清史　戦争と福祉——そのはざまで、新たな「起原」は何度もやってくる。その可能性をつかみ直すために、何が必要なのか、新たな指針を示す一冊。　1950円

近現代史

◆熊本日日新聞連載「小さきものの近代」②は12月刊

小さきものの近代 1

渡辺京二最期の本格長編　維新革命以後、鮮やかに浮かびあがる名もなき人々の壮大な物語。3000円

肩書のない人生

渡辺京二

話題の本

生き直す 免田栄という軌跡【2刷】

高峰武　獄中34年、再審無罪釈放後38年、人として生き直した稀有な95年の生涯をたどる。釈放後の免田氏が真に求めたものは何か。冤罪事件はなぜくり返されるのか。

◆第44回熊日出版文化賞ジャーナリズム賞受賞　2000円

眼の人 野見山暁治が語る

北里晋　筑豊での少年時代、戦争体験…102歳現役で制作を続ける画家、野見山暁治が88歳までの人生を自ら語る。日本洋画史のリアルな記録。　2000円

アルメイダ神父とその時代

玉木譲　ザビエルと同時代を生き、医師、宣教師、商人等さまざまな顔を持つ男の波乱の生涯をたどる。

◆第44回熊日出版文化賞受賞　2700円

◆承久の乱（一二二一）後、北条泰時に影響を与えた高僧の生涯

明恵《みょうえ》《栂尾高山寺秘話》 上 下

1173-1232

高瀬千図　すべての人々の心の中にある生きる叡智を覚醒させる＝意識の変容を唱え続けた鎌倉初期の高僧明恵の生涯と思想の核心に迫る。　各2200円

◆渡辺京二の本◆

を初めて開示

もうひとつのこの世
《石牟礼道子の宇宙》【重版4刷】

石牟礼文学の豊かさときわだつ特異性はどこにあるのか。その世界を独自の視点で解きあかす。 2200円

預言の哀しみ
《石牟礼道子の宇宙 II》

遺された預言とは何か。「沖宮」「春の海」「椿の海の記」「十六夜橋」の世界を解読する充実の一冊。 1900円

◆石牟礼道子の本◆

石牟礼道子全歌集 海と空のあいだに

解説・前山光則　一九四三～二〇一五年に詠まれた未発表短歌を含む六七〇余首を集成。 2600円

石牟礼道子〈句・画〉集 色のない虹

解説・岩岡中正　未発表を含む52句。句作とほぼ同じときに描いた15点の絵（水彩画と鉛筆画）も収録。 1900円

［新装版］ヤポネシアの海辺から

対談　島尾ミホ・石牟礼道子　南島の豊かな世界を海辺育ちのふたりが静かに深く語り合う。 2000円

発生・拡大は防止できた

公式確認（一九五六）から5年後（一九六一）に、チッソは原因物質をつきとめていた。 2000円

死民と日常 私の水俣病闘争

渡辺京二　著者初の水俣病闘争論集。市民運動とは一線を画した〈闘争〉の本質を語る注目の一冊。 2300円

8のテーマで読む水俣病【2刷】

高峰武　水俣病と向き合って生きている人たちの声に学ぶ、これから知りたい人のための入門書。学びの手がかりを「8のテーマ」で語る。 2000円

◎FUKUOKA *U* ブックレット◎

⑨ **かくれキリシタンとは何か**
オラショを巡る旅
中園成生　四〇〇年間変わらなかった、現在も続く信仰の真の姿。【3刷】680円

㉑ **日本の映画作家と中国**
小津・溝口・黒澤から宮崎駿・北野武・岩井俊二・是枝裕和まで
劉文兵　日本映画は中国でどのように愛されたか。 900円

㉒ **中国はどこへ向かうのか**
国際関係から読み解く
毛里和子・編著　不可解な中国と、日本はどう対峙していくのか。 800円

㉓ **アジア経済はどこに向かうか**
コロナ危機と米中対立の中で
末廣昭・伊藤亜聖　コロナ禍によりどのような影響を受けたのか。 800円

のマジックペンでしっかりと書かれます。どんなに寒くて手がかじかむ中でも、絶対に全部の石に書くのです。石に文字を書く作業をしながら、一人のお父さんがこう言います。「南無阿弥陀佛て書かんばんけん、石は平たかとじゃないとあかんとばい。この石ば探して拾うとが大変たい」

石の準備が終わると、上鎌瀬の公民館にお寺の住職がお経をあげに訪れます。その時、公民館の前方に並べられている大量の白いものを見つけました。お餅です。この総供養の際には、白いお餅が各世帯から持ち寄られ、必ずお供えされるのです。重箱につめて持参された丸くて白い餅は、正月用に家庭でついたものでしょうか。ついてから時間も経っているので、すっかり硬くなっています。

お経が終わると、お供えものの餅と、南無阿弥陀佛と書いた石全てを持って再度球磨川へ向かいます。車に積みこみ、標高一二〇ｍに位置する上鎌瀬の集落から一気に球磨川へ下ります。まだ車のなかった時代は、これだけ重たい荷物を抱えて徒歩で降りていたというので驚きです。

年明けの球磨川には、清々しい空気が漂います。頬に刺さる冷たい風を感じながら、上鎌瀬の人たちは再び川原へ戻ってきました。なんとこれから、全ての石と餅を球磨川に捧げるといい

かつて白餅は、河童に一つ、お寺に一つ、そして家族の人数分の個数を用意していた

2020年の豪雨災害より前は、JR肥薩線の橋梁から餅と石を球磨川へ投げ入れていた

ます。捧げる、と聞くと厳かな儀式を想像してしまいますが…現実はこうです。無造作に球磨川へ投げ入れていくのです。冬の球磨川の静かなせせらぎを目の前に、上鎌瀬の人たちは豪快に石と餅を投げます。また、河童にぶつかってしまうのではないかと心配になるほどです。

この、石と餅のお供え物を球磨川へ捧げる儀式は、総供養の長い歴史の中で、時代と共に大きく変化をしてきました。七〇代のお父さんの一番古い記憶では、舟からこの儀式を行っていたと言います。それが、度重なる集中豪雨や洪水の影響で、岸壁が護岸工事によりどんどん嵩上げされていき、つい

現在は、球磨川の川原に下りて餅と石を川へ投げている

に舟で降りることができなくなってしまったのです。車で川原まで降りることもできないため、この数十年、ちょうどこの地に架かる鉄道の橋梁の歩道から投げていました。しかし、令和二年の豪雨災害により橋梁が流出してしまい、現在はお供えものを全て抱え、歩いて川原まで行かざるを得ない状況です。時代の流れで川と人との距離も目まぐるしく変わってきました。しかし、毎年どんな状況でも必ず総供養は行われ、踏み潰された河童の親子を弔うため、球磨川に三六五個の石とたくさんの餅が捧げられます。

災害により流出してしまった「球磨川第一橋梁」

（下）かつて SL 人吉号が走っていた頃の橋梁。汽笛を鳴らし勇壮に渡っていた

第Ⅲ章

山のまつり

14　出世魚

深水《ふかみ》地域

山の神祭り

深水地域の谷には、今日も透き通るように麗しい深水川が流れます。深緑色をした静かな淀みをじーっと眺めていると、今にも河童がぬらりと出てきそうです。

この深水の地域では、旧暦の九月十八日に山の神祭りが全六地区同日に行われます。川の上流に位置する集落から順に、神官が山の神様で神事を執り行い、地元の住民が祈りを捧げるのです。神官は長年、豊葦原《とよあしはら》神社の宮司が務めています。豊葦原神社は、球磨川の下流域に七五八年に創建され、地元では「遥拝《ようはい》さん」と親しまれている神社です。

この深水の山の神祭りの伝統が、いつ頃から受け継がれているのか、その由緒ははっきりとしていません。豊葦原神社の宮司が、まだ球磨川に深水橋が架かる前の時代の、貴重な逸話を教えてくれました。

上深水地区の山の神様

〝山の神祭りの時は、深水の人たちが宮司を舟で迎えに来ていた〟
〝当時は車もなく、移動手段が徒歩だったので、宮司は前日から深水の地に入り、民家に宿泊していた〟
〝祭り当日の早朝、まだ暗いうちから最初の山の神様（嶽《たけ》地区）へ向かっていた〟

深水の山の神様たちは、かなり広い範囲に、そして山の奥深くにも点在しています。しかも、元々は山の神様の祠が二か所や三か所あったという地区も少なくありません。下深水地区の山の神様は、三か所にあった祠を昭和七年頃に今の場所に一つにして祀られた

深水の谷には、透きとおるような深水川が流れる

と言い伝えられています。そのため、一つの祠に三体のご神体が祀られています。

当時、宮司はそれら全てを歩いて一日で回らねばなりませんでした。今となっては、大通りは車を使って移動をすることができるものの、歩くことしか手段のなかった時代、それはいかに厳しいことであったでしょうか。

さて、深水地域の山の神祭りの日にはどの地区でも、決まってお供えされるものがあります。それが、魚です。坂本の山の神様は、海のものが好物であると言われる地域が多く、海の魚、特に出世魚が縁起が良いとされています。深水の地域でも、やはりそのよう

下深水地区の山の神様。ご神体が３つある

（下）平野地区で準備されていた出世魚「セゴ」

平野地区の山の神様を集落の方から見上げる

な伝承があるようです。

平野《ひらの》地区の山の神様は、集落をすぐ真下に望むことができる高台にあります。ここのご神体の前には、三匹のセゴが稲ワラに吊るされてお供えされます。深水の谷のちょうど真ん中あたりに位置する上深水《かみふかみ》地区では、山の神様へ二匹のセゴを腹合わせにしてお供えします。他に、小豆・生米・塩・白菜、大根等の野菜も捧げられます。下深水《しもふかみ》地区でも同じく、腹合わせにされた出世魚（セゴやボラ）が二匹、山の神様の前に並びます。ここには三つあるご神体のうち、一番右のご神体の前に出世魚、中央のご神体前には赤飯・生米・しとぎ（神様に供えるお餅）、左の

お神酒をいれる「カケグリ」は、どの地区でも竹で手づくりされる

（下）上深水地区の山の神様へのお供え物。左より２匹のセゴ・生米・小豆・白菜

平野地区では、セゴが吊るしてお供えされる

下深水地区では神事の後にその場で直会をする。ふかし芋を食べる

ご神体前には里芋・サツマイモ・塩をお供えすると決められています。

どの地区でも神官による神事が終わると、直会へとうつります。今はほとんどの地区が仕出し屋等からお弁当をとり、公民館で食べることになっています。そんな中でも下深水地区では、神事が終わると山の神様が祀られるお社の中で、そのまま簡単に直会を行います。ここのお社は、さすが三つの山の神様を一つにまとめただけあって、随分しっかりとした造りをしています。人が十名ほど座っても、まだゆとりがあるほどです。直会では、まずお神酒で乾杯をした後、お供えされていた里芋やサツマイモを全員でいただ

下深水地区の山の神様の前を流れる川

きます。この時は神官を務めた豊葦原神社の宮司も一緒です。下深水は、深水川の最下流域にある集落のため、宮司が最後に訪れる山の神様です。気のせいか、直会の時の宮司の表情が、少し和らいでいるようにも見えます。ゆでられたサツマイモを皮ごとそのまま頬張っていると、山の神様の隣を流れる小さな川のせせらぎが聴こえてきました。この川は、やがて深水川へと注ぎます。「子どもの頃、夏休みはこの川が遊び場だった。滝のように水が流れる場所で泳いだり、滑らかな石の上をすべったりしよった」と、この下深水で生まれ育った、七四歳になるお母さんは懐かしみます。

いつも隣には、深い山々と美しい川がある深水の人たちの暮らし。その自然の中に溶けこんだような暮らしと、目には見えない山の神様を地域をあげて大切にする姿は、今も昔も変わりません。年に一度の山の神祭りの日、深水の地は、不思議な一体感と空気感に包まれています。

15 甘がゆ

油谷地区

山の神祭り

山の神祭りが行われる旧暦九月十九日の朝、油谷地区の公民館では、カケグリに甘がゆが注がれていました。カケグリとは、山の神様へのお神酒をいれる容器のことで、油谷では男性陣が竹で手づくりします。山から切り出した竹を、更に短く斜めに切り、切り口を上に揃えて数本ずつ束ね、稲ワラでしっかり括ると完成です。このカケグリの空洞へ、ボウルの中の真っ白でとろみのある甘がゆが、漏斗をつたってたっぷり落ちていきます。油谷地区で「お神酒」といえば、山の神様の好物でとされるこの「甘がゆ」なのです。

甘がゆが溢れんばかりに注がれたカケグリは、そのまま山の神様の祠まで運ばれます。急な階段を昇った山の上に鎮座する油谷の山の神様は、ほとんどの人が年に一度しか訪れません。油谷の人たちは、はあはあ、と息を切らしながら、必要なお供え物を次々と運びます。祠に無事に届けられたお供え

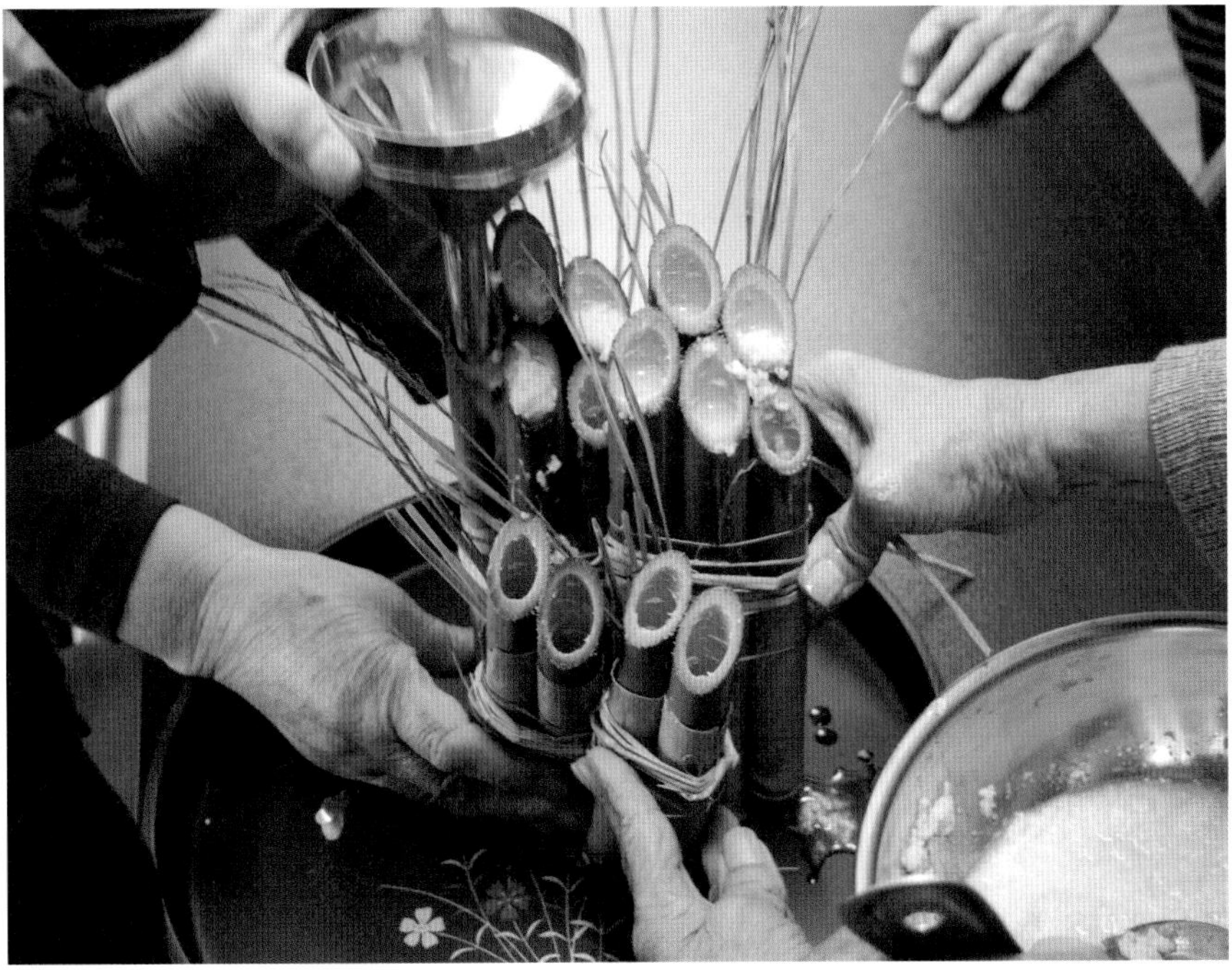

祭り当日の朝、公民館で準備される甘がゆ。カケグリに注がれる

（下）山の神様へ運ばれるお供え物。運ぶのは女性の仕事

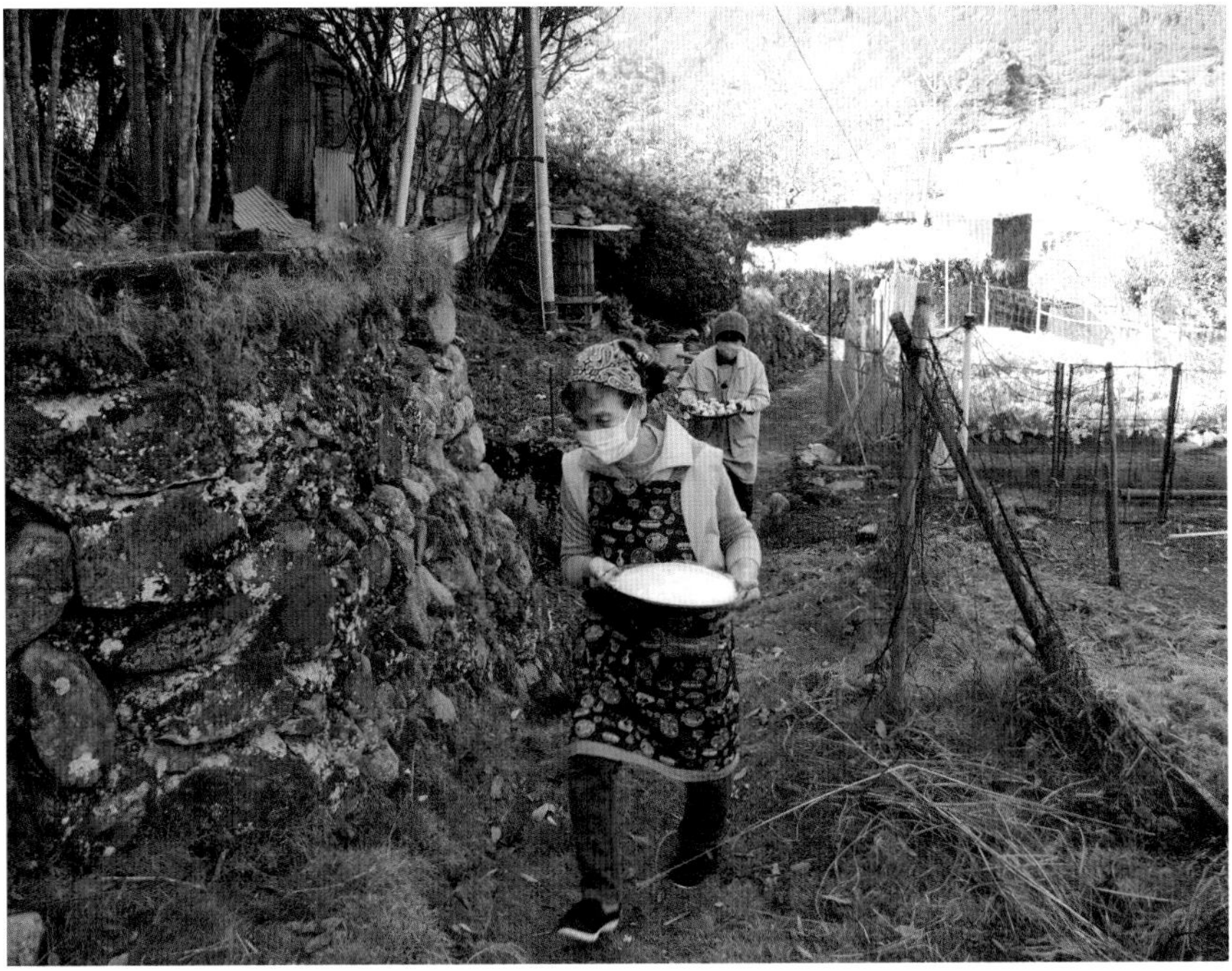

甘がゆは祠の隅に供えられる

物は、男性陣が女性陣から受け取り、丁寧に並べられます。山の神様の敷地内には、女性が立ち入ることはできないのです。

山の神様のご神体である自然石の前には、左手より順に、炊かれたご飯・米粉のしとぎ餅・生米・塩が並びました。カケグリに入れられた甘がゆは、祠の奥の左右の隅に立てかけられています。カケグリは山の神様の敷地内の木にも縛りつけてあり、満杯に入れられた甘がゆが、カケグリの口からこぼれています。「お供え物の配置は決まっとる」そう話すのは、長年この山の神祭りのお世話をしてきた、八〇代のお父さんです。祭りに参加する住民の

女性は山の神様の敷地内へは立ち入りできない。男性のみで手を合わせる

中では一番の高齢者で、ここまで杖をつきながらゆっくり登ってきました。

お供え物の準備が整えば、あとは山の神様へ祈りを捧げるだけです。男性は祠の周辺に立ち、女性は少し離れた下の敷地で見守ります。男性が酒、塩、生米を祠の周りに撒き、二礼・二拍手・一礼をします。女性もそれに合わせて一緒に祈ります。「今年も事故がありませんように」と言いながら、全員でお酒を口にすると儀式は終わりです。

油谷地区にはかつて、明治から稼働を始めた九州最古の製紙工場がありました。住民のほとんどが目の前の工場に勤めていた為、山で仕事をする者は

直会での食事。お供えされた米粉のしとぎ餅は、ぜんざいに入れられる

ほとんどいなかったと言います。それでも住民は山の神様を大切にし、毎年甘がゆをカケグリに注いではお供えをしてきました。工場で昼夜汗を流す住民と、その騒がしい土地を見守ってきた油谷の山の神様は今、静まりかえったこの地をどんな思いで見つめているのでしょうか。

山の神様の敷地内の木に括られた甘がゆ

16　赤飯

板持《いたもち》地区

山の神祭り

旧暦九月二四日の朝、板持地区の山の神様の近くでは、パチパチパチパチと焚火の音が響いています。杉林の向こう側に見える白い煙は、まるで狼煙《のろし》を上げているかのようです。板持の山の神様は、瓦の屋根を付けた木造のお社の中に鎮座しています。このお社は、昭和二六年に建設されており、それ以前の建物は茅葺の屋根をつけていたと言います。しかし、いつの頃から山の神様がこの場所にいらっしゃるのかは、地元の人でも定かではないようです。

そのお社の元へ行くには、川をひとつ越えなければなりません。板持の人たちが自ら架けたという橋を渡る時、真下を覗くと、静かに流れる小川が優しく出迎えてくれました。この板持川は、やがて百済木川と合流し、そして母なる球磨川へと注ぐのです。

橋を渡ってお社に近づくと、根本で二又に分かれて伸びる、立派な杉の木が目の前に現れました。このまるで仲

杉林の奥にみえる板持の山の神様

（下）何かの動物のようにも見える岩。お神酒とお賽銭があげられる

直会では赤飯をいただく

良く寄り添っているかのような夫婦杉を見ると、温かな気持ちになります。夫婦杉の片方の木の根元には、不思議な形をした岩があります。いろんな角度から眺めてみると、なにか動物のような、タヌキやムジナのようにも見えてきます。すると一人のお母さんが、そのタヌキの形をした岩に向かって拝みはじめました。この岩もどうやら板持の人たちから愛され、大切にされているようです。

山の神様に集まる住民は、それぞれ訪れた順におまいりをします。そしてお社のすぐ側で焚かれた火にあたりながら、全員が集まるのを待ちます。板持では特別な神事を執り行うことはな

この日だけ、ブルーシートが敷かれる

（下）赤飯の他にも、汁物やお漬物、手づくりのゼリー等が用意されていた

く、全員の参拝が済むと、お社の中で直会が行われます。お社の地べたにシートが敷かれ、住民はそのまま腰をおろします。用意された低いテーブルに並べられていたのは、お赤飯でした。中央に、青々とした南天の葉があしらわれています。「ごま塩は自分で好きなだけふりかけてね」と、赤飯づくりを担当したお父さんが言います。山の神様にも、赤飯のお供えがしっかりとされていました。

この板持の山の神祭りは、数十年前までは盛大な祭りでした。各家庭に人がたくさん集まり、「客祭り《きゃくまつ》」としてご馳走を振る舞い、もてなしたと言います。特に、山仕事に通っていた人たちが立ち寄り、飲んで食べて大騒ぎしていたそうです。「山の神様の祭りの日には、赤飯に煮しめ、コノシロの寿司やら用意しよった。うちは特に道沿いに家があるけん、いっぱい人が寄りよらした」と、板持で生まれ育ったお母さんは話します。それから時は流れ、平成も中盤を過ぎると一気に人けがなくなり、この地では子どもの姿もほとんどみられなくなりました。更に時が過ち、二〇二〇年に球磨川流域を襲った七月豪雨災害では、この板持の地も未曾有の被害に見舞われました。山の神様のそばを流れる板持川が大氾濫し、集落を囲む森林から土石流が発生してしまったのです。集落は大量の濁流と

土石に飲み込まれ、災害から二年が過ぎた今もなお、河川や土地の復旧作業が続いています。
　山の神様のお社付近も、目を疑うような被害に遭いました。しかし、このお社の場所だけは何かに守られていたかのように無事で、そのままの姿で佇んでいます。そう、あのたぬきの岩も微動だにせず、今も山の神様を見守ってくれています。

17　小豆飯

木々子地区
（巻末にレシピ紹介）

山の神祭り

木々子地区では一年に一度だけ、集落のおこりと伝えられる地へ赴く、大切な日があります。それが、旧暦九月二九日の山の神祭りの日です。

祭り当日の朝、山の神様の入り口に立つ鳥居では、男性がしめ縄を張り替えていました。つい数日前につくられたばかりのしめ縄は、まだ少し青い色をしていて、新鮮な空気を漂わせています。鳥居をくぐると、急勾配の山道が続き、なぎ倒された巨木が目につきます。しばらく登ると、山の神様の祠がある広場に辿りつきました。

神事が行われるため、住民はその準備に忙しくしています。広場では火が焚かれ、その火を使って「カケグリ」がつくられます。神様へ捧げるお神酒入れ、木々子の「カケグリ」のつくり方は、次のようです。まず、竹を空洞ができるように節を二つ残して切り、火で炙ります。熱いうちにぐにゃりと曲げて、二つの節を合わせてワラで編

祭りの日に新調される鳥居のしめ縄は、祭りの数日前に数名で綯う

（下）お神酒を入れるカケグリをつくる

小豆飯は平たい板に２膳ずつよそう

んだ綱でひとまとめにしたら出来上がりです。

神事の準備が進みしばらくすると、たくさんのお供え物が運ばれてきました。しかし、この険しい参道を高齢の住民が重たい物を抱えて登るのは、なかなか辛い仕事のように思えます。運ばれてくる物の中に、ひときわ大きな炊飯器がありました。女性二名が到着するなり、すぐその炊飯器の蓋を開けます。中に入っているのはお赤飯でしょうか。「赤飯じゃなか。これは小豆飯。もち米じゃなくてうるち米と小豆ば一緒に炊いとるとよ」そう言いながら、お母さんは箸で一口大の小豆飯をつまみ、薄くて平たい板の上に二か所、

（上・右左・下）山の神様の敷地内に張り巡らすしめ縄を綯《な》う。木々子の住民は綱を綯う名人である

山の神様にお供えされた小豆飯の七十五膳（しちじゅうごぜん）

よそっています。

これは、「七十五膳《しちじゅうごぜん》」と呼ばれるもので、木々子の山の神祭りでは定番のお供え物です。小豆飯を七十五膳分、板のお膳に載せていくのです。木々子のことをよく知る古老によれば、この「七十五膳」は神様へ捧げるお膳であると言います。木々子じゅうにいらっしゃる神様たちが、この山の神祭りの日に集結するため、全員分のご馳走として、この「七十五膳」を用意すると言うのです。

「七十五膳」に使用するお膳の板は、ヒノキの板を綺麗に切り、やすりをかけて整えてあります。しかし元々は、山の神様の近くにある樫の木や合歓《ねむ》の木を切り、やすりがけはせず、切りっぱなしでガサガサしたまま使用していました。その木からは箸も一緒につくり、祭りが終わるとお膳も箸も全て燃やしていたそうです。

「七十五膳」に関して、もっと古い言い伝えも残されています。お膳に載せる小豆飯は一膳だけで、もう一膳は「しとぎ」（神様へ捧げるお餅）だったというのです。稲作をしている家庭が「ワラずと」というワラでつくった入れ物にしとぎを入れて持参し、神事が終わると、ひとまとめにして焼いて食べていたと言われています。

そして実はこの「七十五膳」。現在は、実際に山の神様へ七十五膳分お供えするわけではありません。というのも、全て祠の中に納めるためには、その並べ方にコツがいります。互い違いにお膳を重ね、載せられている小豆飯がくっつかないよう、とても気をつかわないといけません。「その姿は、横から見たらまるで蜂の巣のようだった」と、半世紀以上前の様子を知るお母さんは話します。「今は、省略された七十五膳になっとるばってん」と、少し苦笑いのお母さんですが、「七十五膳」のお供えが、いかに大変なしきたりであったかを知っています。

そのため、近年では、山の神様の祠の中がいっぱいになるだけお膳を敷き詰めるだけです。たしかに、並べられた祠の中のお膳の数を何回数えても、七十五膳分はありません。しかし山の神様は、それくらいで機嫌を損ねることはないと、木々子の人たちも分かっているのでしょう。

さて、その「七十五膳」が並ぶと、他にもボラ、野菜、生米、塩等もお供えされました。その場でつくったしめ縄も祠の周りに張られ、いよいよ神官による神事が執り行われます。滞りなく神事が終わると、直会へとうつります。

直会では、「七十五膳」の小豆飯を参加者全員で食べます。小豆飯は、塩で味つけがしてあり、赤飯とは少し違った具合ではありますが、これがなか

準備が整うと神事を執り行う。神官は豊葦原（遥拝）神社から

なかいけます。本来、塩は入れてはいけないとされていましたが、あまりにも味気ないため、最近は塩味を効かせるようになったようです。

初めて食べる小豆ご飯の斬新さに驚いていると、焚火の上で、何やら焼かれて煙が出ています。お供えされていた二匹の大きなボラのようです。その場にあった鉄板の上でダイナミックに焼かれています。木々子では、これを「シシ」と呼び、食べれば一年中無病息災と言われています。シシが運ばれると、待ってましたとばかりに、木々子の人たちは箸でつつきます。

直会が終わっても山の神祭りは続きます。この祠以外にもカケグリと小豆

お供えされていたボラは、直会の時に焼いて食べる。「シシ焼き」と呼ばれる

飯をお供えせねばならない場所が三か所あるのです。

一つは、山の神様の祠からふもとに下り、川を渡ったところに隠されたようにいらっしゃる荒神さま、通称「代《だい》官森《かんもり》」です。ここには、昔真っ白なヘビがいたそうで、ヘビの守り神ではないかと地元では囁かれています。

二つ目は、木々子の集落の個人宅の側にある荒神さま。

そしてもう一つ、集落からも、山の神様からもはるか遠くに離れた「走《はしり》水《みず》」の地域にいらっしゃる、山の神様へ行かねばなりません。ここは代々、木々子の久保田家が管理をし、毎年祭りの日に必ず訪れています。走水の山

代官森（だいかんもり）　ジャーカンモリとも呼ばれる

の神様は、祠も何もなく、ただ自然石が積まれたような場所に祀られていました。久保田家の人はきちんとしめ縄も新しいものに張り替え、そこにカケグリと小豆飯をお供えします。手を合わせて祈りを捧げると、すぐ側を流れる川の近くに腰をおろし、お供えした小豆飯を食べます。ささやかな直会です。川には、赤や黄色の葉がはらはらと流れついて浮かんでいます。見上げると、美しく紅葉し始めた木々がありました。「こんな綺麗な場所は他になか。ここが一番よかとこ」と、久保田家の人は呟きます。

この地から少し下った窪地に、かつて数軒、家がありました。そこで人々は焼畑耕作をし、暮らしていたといいます。今は杉林になってしまい、その面影もありません。その場所は「元屋《もとや》敷《しき》」と呼ばれ、木々子の発祥の地であるとされています。元屋敷の人たちは、焼畑で苦労していたため、明治頃に今の木々子の集落に移り住んだと言われます。

昭和の一番人口が多かった頃は、七〇軒近くあった木々子の集落も、今は半分以下です。山の神祭りは青年団が担い、女性は立ち入るなときつく言われていた時代も、過去のものとなりました。残された数少ない人たちで、古いしきたりを全て守っていくことは難しくとも、集落のおこりとされる場所は今もしっかり大切にされています。

塩で味付けされ、昔よりしょっぱくなった小豆飯。これも悪くないな、と、すっかり山の神様の好物になっているのかもしれません。

個人宅に祀られる荒神様。山の神祭りの時は代官森と併せてここにも小豆飯を供える

（下）走水の山の神様。自然石が積まれているだけで祠も何もない

走水の山の神様にも小豆飯と、カケグリにいれたお神酒を供える

（下）目の前の川で久保田家のみで直会を行う

18　アワ

鮎帰《あゆがえり》地域

山の神祭り

神事の後にお供え物をまき散らす、不思議な山の神祭りがありました。

球磨川の支流、油谷川に沿って上流へ二・三キロ遡ると、「鮎帰」と呼ばれる地域にたどり着きます。ここを流れる川には、地名の通り、夏には鮎が帰ってくると言われ、その川沿いにはぽつり、ぽつりと集落が形成されています。そこでは、夏は爽やかな空気が漂い、ザバザバと流れる川の音が涼しげである一方、冬場はやはり一段と冷え込むのです。

そんな冬の冷たい空気が頬を刺す十二月の十五日が、鮎帰の山の神祭りの日です。鮎帰の地域には十の地区があり、全ての地区に山の神が祀られていますが、この日はまとめて一箇所で神事が執り行われます。

開始時刻の午前十時が近づき、会場となる日田《ひたち》地地区の祠には、各地区の区長が続々と集まってきました。女人禁制だったこの祭りも、現在は区長を

鮎帰の山の神様。コンクリート製の祠内に鎮座する

女性が務める地区もあり、女性の参加もみられます。さすがは全地区の区長が揃っているだけあって、準備はスムーズに進みます。あっという間に並べられたお供え物をのぞくと、まずは手前にある大きな大根が目につきました。隣にはお頭付きの鯛が二匹、お腹を合わせて並べられています。お神酒の中には赤酒もあるようです。木製の手桶に入っていたのは、甘酒でした。鮮やかなオレンジ色の人参は、もっさりとした緑の葉をたっぷりつけ、視界を賑やかにしてくれます。奥にあるのは塩や生米、そして神さまに捧げる「しとぎ餅」は二段重ねの立派なものです。

「しとぎ餅は、堂守の宮田家が担当。

神事の前に用意されたお供え物

米の粉でつくられとる。大根は日光《にちこう》地区、人参は辻《つじ》地区から」と、どこかの区長さんが教えてくれました。しかし、種類が豊富なお供え物の中で、どうしても正体の分からないものがひとつあります。手前の列、腹合わせの二匹の鯛の右隣に並ぶ、黄色い粒々とした穀物のような物体です。

　祭りの定刻となり、神官が到着したかと思えば、すぐに神事が始まりました。ひんやりと乾いた空気の中で、静かに時間が過ぎていきます。しばらくすると、この祠の堂守である石坂家の人が祠の中へと入り、例のお供え物の黄色い粒々を手にしたのです。そして、祠の周りの東西南北に、その黄色い粒

この祭りの主役であるお供え物

を思いっ切りまき散らしています。聴こえてきたのは、パラパラパラ、カシャカシャカシャという軽やかで小さな音でした。この儀式を行う人は「アワまきドン」と呼ばれ、なんとつまりは黄色のお供え物の正体は、「アワ」だったのです。

その昔アワは、鮎帰地域の辻地区で焼畑耕作により栽培されていました。焼畑の文化も消滅し、アワが地域でつくられることがなくなった今は、市販のものがお供えされています。この山の神の祠は、石坂家・宮田家の二軒が堂守で、アワまきドンは代々石坂家の担当です。現在四代目になるアワまきドンが、年に一度のこの大役を務めています。今は滅多に見かけなくなってしまったアワも、焼畑耕作が盛んだった時代の鮎帰では、身近な穀物であったに違いありません。

（上・下）アワまきドンにより豪快にまかれるアワ

19 ぼたもち

小崎《こざき》地区
（巻末にレシピ紹介）

山の神祭り

「ぼたもち祭りの時は雪が降る」。十二月十五日、師走も折り返し、冬の本格的な始まりを予感させるこの頃、小崎地区では山の神祭りが行われます。この祭りは別名「ぼたもち祭り」と呼ばれ、その名の通り、住民はぼたもちを山の神様へお供えし、食べるのです。

実はぼたもちは、坂本ではよく知られた馴染みある食べ物で、「ソウルフード」と呼ぶに相応しいほどです。毎年、秋の収穫期に町をあげて開催される「ふるさとまつり」では、町内八つの地域振興会が手づくりのぼたもちを販売します。町外のお客様はぼたもちを購入するため、長蛇の列をつくり早朝から並びます。その大人気の「ぼたもち」は、黄色みのかかった（ヨモギがねりこまれて緑がかったものもある）丸いお餅にきな粉がまぶしてあります。坂本における「ぼたもち」は、ついた餅に蒸かしたサツマイモをねりこむ、薩摩地方の郷土食「ねったぼ」が

近年坂本町で見かける「ぼたもち」。サツマイモを練りこんであるためとろけるような食感
(下)「坂本ふるさとまつり」で販売されているぼたもち(中谷地域振興会)

山の神様が宿る大木を集落から見上げる

由来していると言われています。甘くてとろけるような食感で、一度食べたら病みつきになる魅力的なおやつです。坂本のぼたもちは元々、この「ねったぼ」製法でつくられたものをもろぶたいっぱいに広げ、そのまま取り分けて食べていたと言います。それが徐々に形を変え、最近では中にあんこを入れて丸め、きな粉をまぶして食べるようにもなったようです。いずれにしても、子どもからお年寄りまで気軽に食べることのできる、冬場の絶好のおやつとして今も昔も変わらず愛されています。

そんな坂本の代名詞とも言えるぼたもちは、やはり山の神様も好物なのでしょうか。小崎の山の神祭りでは、毎

山の神様で神事を執り行う

年必ずぼたもちがお供えされます。しかし、その小崎の「ぼたもち」はと言うと、近年坂本で見かけるそのぼたもちとは、また少し異なっています。

小崎の山の神様は、集落の上の小高い場所にあるイチイガシの大木に宿っているとされます。集落のふもとから見上げると、ブロッコリーのようなこんもりとした森があるのが分かります。普段、ここには祠はなく、祭りの当日に木の根元に棚を設け、そこに次々とお供え物が運ばれます。この場所にたどり着くには、最後に急傾斜の階段を上りきらないといけません。小崎の人たちはお供え物の野菜や柑橘、お神酒、米、塩、しとぎ餅、そしてぼたもちを

小崎で代々伝わる「ぼたもち」

持ち、一歩一歩この階段を上ります。

その時、運ばれている「ぼたもち」を見て、ハッとしました。あんこがべッタリと、ぼたもちの周りにつけられていたのです。最近、坂本で見慣れているぼたもちとはまるで別物のようで、新鮮さを覚えます。「あんこは中には入れんと。これがほんなもん（本物）のぼたもちばい。坂本のぼたもちの発祥は、小崎だけん」と自信満々に小崎の人は話します。

「シャリ、シャリ」ついにてっぺんまで登りきると、足もとには霜が降りていました。吐く息は白く、使い捨てカイロを握って暖をとる人もいます。お供え物が並び、お神酒を入れたカケ

お供え物には、ぼたもちの他に塩、生米、野菜、果物等がある

（下）女性は山の神様の敷地内に立ち入りできないので、一段下の場所から見守る

グリの準備や、しめ縄張りが整うと、神官による神事が始まりました。山の神様がいらっしゃる、イチイガシの木の根元の聖域には、女性は立ち入ることができません。もし入ってしまうと、その女性の髪の毛が抜けるという言い伝えがあるのです。小崎の女性は、その古い言い伝えをしっかりと守り、聖域より一段下にある敷地で静かに佇みます。この地まで登ることができない高齢の人たちは、もっと下の階段の途中から山の神様を見上げるように、一緒に祈りを捧げます。

神事の後、かつてはこの場所で直会をし、お供え物のぼたもちを食べていたようですが、今は地区の公民館へ移動します。そして、公民館でもテーブルの上に並ぶのはやっぱり、この「ぼたもち」です。ひと昔前まで、祭り当日は小崎の全世帯でぼたもちをつくっていました。一番多い時に四〇軒あった世帯数は二十数軒まで減り、今では数名がつくるだけです。それでも、小崎の人たちには、他のどの地域よりも「ぼたもち」に対する情熱とプライドがあるに違いありません。どんなに新しい形のぼたもちが坂本で流行ろうと、小崎の人と山の神様はずっと、昔ながらの「ぼたもち」にあんこをたっぷりつけて食べるのです。

直会は公民館で行われる　テーブルの上にはぼたもちが並ぶ

（下）公民館の前にかかる石橋。嘉永２年（1849年）建造

20　米粉団子

上葉木地区

山の神祭り

夏の「だご盛り」、秋の「甘酒盛り」「いも盛り」と続き、冬を迎えた上葉木地区にやってくるのが「山の神祭り」です。

上葉木の集落から裏山へと続く迷路のような狭い路地を抜けると、見晴らしの良い高台に辿りつきました。そこでは、民家の周辺でほとんど目にしなかった畑が段々にひろがり、野菜や柑橘、お茶などが栽培されています。球磨川沿いの僅かな土地からなる葉木地域に水田はなく、住民は焼畑耕作によって生活をしていました。芋や穀物類を栽培し、山と共にある暮らしだったことが想像されます。今は耕作されずに朽ち果て、置いてけぼりになった畑が、時代の急激な変化を物語っています。

「若い頃、ここのみかん山に仕事に通いよったよ。何回ここば通ったか分からん」そう言いながら、慣れた足どりで案内をしてくれるのは、上葉木に

山の神様の隣で火を焚き、しとぎの団子を焼く

山の神様は、集落を抜けた裏山の奥深くに鎮座している

住む九〇歳のお母さんです。年齢を微塵も感じさせないほど、ずんずん先へ進むお母さんの後を必死で追いかけます。すると、突如目の前に森の入り口が現れました。この森の奥地に、上葉木の山の神さまがいらっしゃるというのです。

そこからの道のりは険しく、急斜面の山をひたすらに登ります。戦後植えられたという杉はどれも、これでもかというほどに天高く、そしてほっそりと伸び、陽の光は一切射しません。暗く、冷たく、静かな杉林を抜けると、ようやく山の神の祠と出会うことができました。

先に着いていた地区の男性三名が、

山の神様の祠。3つの自然石をご神体とし、それぞれに団子とイワシとお神酒を供える

山の神さまの祠で祭りの準備をしています。ご神体の自然石の前に並べられたお供え物は、イワシと、盃に入ったお神酒、そしてシイの葉に載せられた白いお団子でした。お供え物の魚は見た目が美しいと、女性である山の神様が嫉妬するので、オコゼなどが相応しいとされてきたようです。オコゼにはちょっと失礼な話でありますが、最近の上葉木では、イワシが定番となりつつあります。葉っぱにちょこんと載った小さなお団子は、山の神さまに捧げる「しとぎ」であり、もちの粉でつくられているといいます。

お供え物に見とれていると、祠の近くでいつの間にか火が焚かれていま

しとぎの団子は二段に重ねられ、葉っぱの上に乗せられる

した。冷たい空間が一気に温まります。この祭りは昔から、旧暦霜月の十五日と決められており、いよいよ冬本番の寒さ極まる時期です。それでもひと昔前は、小さな子どもから年配者まで、こぞって祭りに参加していました。「昔は食べるものが少なかったけん、俺たち子どもは祭りの日なら何か食べられると分かって、どこまでもついて行きよった。道中、山にあるちぎり残しのみかんを食べるのも楽しみだった」と、七〇代のお父さんは当時を懐かしみます。祠までの道のりは足腰の弱った年配者には厳しく、現在は元気な男性数名しかこの地まで来ることができません。しかしかつて、険しい道のりでも子どもたちが必ず訪れるほど、楽しみにしていた食べ物とは何だったのでしょう。

気がつくと、燃え上がっていた炎はいつの間にか小さくなり、残り火でしとぎの団子が焼かれています。焼き網まで用意され、こんがりと焼き目のついたお団子が目の前に差し出されました。山の神祭りの楽しみは、ここからだったのです。

「俺たちが小さか頃は、この辺りじゅう子どもがズダ〈穴〉ば掘って火をもらって、そこで団子ば焼きよった」今でこそ一か所で火を焚くものの、以前は家庭ごとに一坪くらいの広さで穴を掘り、家族みんなでその穴で団子を

祠の隣で火を焚く。ここまで来ることができるのはついに男性３名だけとなった

焼いて食べていたというのです。確かに辺りを見渡すと、穴を掘ったような形跡があります。

手渡された焼き立ての団子は、あまりの熱さで、口に入れるのをためらうほどです。勇気を出して口に入れると、それはそれは香ばしく、外はカリっと中はふっくらと焼けています。冷え切った身体が、一瞬だけ火照ります。

多めに持参した団子を全て焼いたら、いよいよ下山の時です。山の神さまに別れを告げ、ふもとの集落まで戻ります。半世紀以上前は、泥酔した大人を誰かが背負って下ることもありましたが、今はそんな心配もありません。

上葉木の集落に帰ると、祠まで登る

氏神堂に戻ると、直会の準備が整っていた

ことのできなかった人たちが氏神堂で待っていました。

「団子はどやんだったね、美味しかったろ。塩ば少しいれるとがポイントよ。昔はもち粉じゃなくて米粉でつくりよった」しとぎの団子をつくったのは、途中まで道案内をしてくれた九〇歳のお母さんでした。氏神堂前の広場では、直会用のご馳走が炭火の上に並べられています。焼かれていたのは、原木しいたけ・ふかし里芋・じゃがいも団子。主役の団子も、もう一度ここで温めなおします。

時代の流れと共に、山との縁が少しずつ遠くなっていくようでも、この団子が山の神さまと上葉木の人をしっかりと繋いでくれるのです。

炭火の上では集落で採れた原木しいたけ、里芋、そして団子が改めて焼かれる

（下）上葉木の集落上の畑から球磨川を望む。右手に見える赤い橋は葉木橋

第Ⅳ章 まつりを創る

21 赤のお供え物――鎮魂の願いをこめて

板持地区

赤の祭り

坂本の祭りへの果てしない憧れ

決して派手ではなく、静かに、そしてシンプルだけど丁寧に行われている坂本町の祭りの数々。祭りの頃に、ちょうど近くの畑や山で目にしたものを収穫し、神仏に供え、祈り、集って、食べる。「祭り」と聞くと、準備が煩わしく、しきたりが面倒な印象を持ってしまいますが、坂本の人たちはお供え物を必要以上に飾り立てることもなく、どこまでも自然体で祭りを受け継いでいるように思えました。

そんな、坂本の祭りの精神に、私はすっかり心奪われてしまいました。そして、祭りの時にもれなく食べられる旬の豊かなお御馳走にも。飾り立ててはいなくとも、季節の食材をふんだんに使った素朴な料理は、どんなご馳走にも敵わないのです。

古くからのやり方で、そのまま受け継ぐことが困難になったら、全てを止めるのではなく、一部を簡略化する。

ちょっとだけ現代風にアレンジしてみる。そんな坂本の祭りの秘訣がちょっぴり分かった私は、ふと思いました。もしかしたら、祭りを担うとはそんなに重苦しいことではないのかもしれない。意外と祭りとは些細なことから生まれ、続けていくためにそこまで多くの条件は必要ない。ただそこに、みんなで気軽に食べられる少しの食べ物や飲み物さえあれば、地味でも末長く続いていくのではなかろうか。

そしてついに私は、こんな密かな野望を抱くようになりました。

「いつか自分でも祭りをつくってみよう!」

初めて触れた祭りの真髄

そう思っていた矢先、ふるさと坂本町を襲った二〇二〇年七月四日の豪雨災害。球磨川流域および数々の支流域の集落は、目を背けたくなるような姿となり、大きな傷を負ってしまいました。災害直後、目の前に広がる光景は、まるで映画やアニメの中の世界のようで、今思い返してもモノクロの風景しか目に浮かびません。あの日を境に、ふるさと坂本町の景色からは色が消えてしまったように思え、私はただただ絶望する日々が続きました。

そんな中でも、坂本の集落では、変わらず祭りや伝統行事を続けるところがありました。もちろん、被災して世

大災害後、初めての七夕綱。いつもより半分以下の長さの綱が中谷川に張られた

帯数が激減し、人手不足のために泣く泣く開催を断念する集落もあったものの、災害を理由に途絶えてしまう祭りは思った以上に少ないように感じました。

「川の祭り」でご紹介した木々子地区では、災害の起こった翌月の二〇二〇年八月六日、いつも通りに七夕綱が集落の川に張り渡されていました。当時の町は、壊滅的状況でどこから片付けをはじめたらいいか分からない地域、主要道路が寸断されており裏道の山越えで外と繋がりなんとか暮らしている地域、ライフラインが復旧していない地域等が点在しており、混沌とした状態でした。町外へ避難し暮らす住民の

2020年8月6日、大災害から僅か一か月後の七夕綱に集まる木々子地区の住民

数もかなり多かった頃です。それでも、木々子地区のみなさんは、「こんな時だからこそ」と、七夕綱に坂本町の安寧を祈り、例年どおりに伝統行事を実施したのでした。綱はいつもよりも半分以下の長さで、ミニサイズだったものの、丁寧につくられた藁細工のお飾りが、青空を背景に美しく輝いていました。これまで見てきた七夕綱の中で一番生き生きとしている気がして、聞かなくとも住民の込めた想いがその七夕綱から全て伝わってきました。その時私は、祭りや習わしの真髄に、本当の意味で初めて触れたように思います。

　町の環境ががらりと変わってしまった一方で、そう簡単には変わることのない、坂本の人たちの祭りの精神が私にとっては一筋の希望の光となりました。

まつりが生まれるきっかけ

コロナウイルスの蔓延による自粛ムードで、ただでさえ静けさを増していた坂本に、未曾有の豪雨災害というあまりにも悲しい出来事が同時に発生してしまった。これはまさに泣きっ面に蜂の状況で、坂本の歴史上、ここまで厳しい試練が過去にあったのだろうか、と悲観するしかありませんでした。土地も人も、大きな傷を負ったそんな大災害から数カ月が過ぎた頃、私はふと、今こそ祭りの力が必要ではないかと考えるようになりました。

日本で今も続く祭りや伝統行事には、何か大きな災いや難をきっかけに、その厄を払って清め、運をもたらすよう願いや祈りを込める意味合いで行われているものがほとんどのように思います。そして、古くから祭りの日は、平凡で刺激のない日常とは対照的な一日であり、唯一人々が羽目を外して開放的になっても許される「ハレの日」として認められていたようにも思います。この二つの要素は、当時の坂本にとって不可欠に思えたのです。

静寂が続く坂本の町に、そんな「非日常」の気分を味わえる祭りの日がそろそろあっても良いのではないだろうか。しかしもちろん、「祭りをやろう、騒ぎたい？　とんでもない！」という心境の住民が多くいることも分かっていました。被災した人や被害の大きかった地域は余計にそうだろうと想像され、私がその時にイメージをした祭りは、いわゆる「ワイワイ騒ぐ賑やかなハレの日のお祭り」ではなく、まだまだ厳しい状況が続く坂本の土地の鎮魂を願う、「祈り」を中心とした祭りでした。

でも、そのような祈りの祭りをどこで、どのようにやるべきか。その時ふと、ある集落のことが思い浮かびました。

それは、私自身が生まれ育った板持の集落でした。この災害により、集落を流れる板持川の谷が、奥地の森林からの鉄砲水で大氾濫し、集落に大量の土石が流れ込みました。川と山と田んぼで構成された、ふるさとの美しい里山の風景が、信じたくもない姿に変わり果ててしまったのです。

特に衝撃的だったのは、板持地区の山の神周辺でした。ここは、災害前に訪れていたお祭りの中で唯一、祭祀場が被災してしまった地区でもありました。災害の半年近く前に行われた山の神祭りにお邪魔した際、相も変わらず目の前の小川はさやさやと流れ、爽やかで新鮮な空気が漂っていました。この空気を吸うのが楽しみで、ここぞと

板持の山の神様。豪雨災害後、この地一帯は甚大な被害を受けた。祠だけは無事だった

いう時に訪れる、私にとって心のオアシスのような場所だったのです。それが、一夜にして一帯の大木はなぎ倒され、小川は土砂で塞がれ、山の神様の社へ続く台地は崩れてしまいました。それは、私にとってとてもショックな出来事で、胸が痛くなる事実でした。荒れ果てた痛々しい土地を見ていると、どうしようもない気持ちになり、丸ごと抱きしめたくなるような衝動に駆られました。

この、板持の集落を流れる板持川は、百済木川に合流し、やがては球磨川に注ぎます。上流から下流へ、絶えず流れていく川の水に、土地への慰め、再生への祈りを込めて届けたい。ぼんやりと実家の前を流れる板持川を眺めていたら、そんな思いが芽生えてきました。その川は、一時は憎らしいとまで思ってしまったものの、やはり穏やかで優しく、傷ついた私の心を癒してくれました。時に人を深い悲しみに突き落としたかと思えば、時にありったけの癒しをくれる…どちらも同じ川であることに変わりはありません。さまざまな表情を持つ、ありのままの川の姿が、うらやましくも、愛しくも思えてきました。私たちはもっと、川と寄り添って、川の気持ちに心を傾けるべきかもしれない。祭りの会場は、ここに決まりました。

そして生まれた「赤の祭り」

当時の町の状況や住民の気持ちにも考慮しながら、私は意を決し、祭り開催の告知をＳＮＳで発信したのでした。それは少し、勇気のいることでしたが、次のような内容でお知らせをしました。

「この度初めての試みです。坂本のじいちゃんばあちゃんたちの精神を少しだけ受け継ぐつもりで、オリジナルの〝まつり〟を行います。今回は、この7月の豪雨災害を受けて、未だに行方不明者もおり、家屋の片付けや道路、いたるところの復旧作業が続いている坂本の土地への慰め、鎮魂を一番の目的とします。神事などは行いませんが、目の前を流れる川にお神酒を流して塩をまき、祈りを捧げます。直会も簡単にですが実施したいと思います。

【詳細】
日時：2020年12月15日（火）13時～15時　※新月の日（旧暦11月1日）
場所：坂本町百済来の板持地区
内容：焚火をしながら、目の前を流れる板持川へ鎮魂の祈りを捧げ、自然への敬意と感謝を伝える。水害に遭った土地への慰めの儀式。
直会：古くから厄を払うと言われる縁起の良い『赤い食べ物』を各自持参し、火を囲んで共同飲食する。
（例）いちご、りんご、トマト、赤カブなど赤いものならなんでも良し。」

祭りの日取りは、物事がリセットされ、スタートの日であるとされる新月の日にこだわりました。今後、この新しい祭りがどれくらい続いていくかも分からない。最初で最後かもしれない。でもとにかく、坂本の傷ついた土地を慰めて、鎮めて、新しい始まりの日にしたかったので、新月の日に実施すると決めました。

また、「赤い食べ物」を持参するようにしたのは、ひとまずその場がパッと明るくなるような「映える」食べ物

赤のお供え物。手前に見えるのは赤い豆のペースト

が欲しいと直感的に思ったからです。災害後にメディアやSNSでは、被災後のモノクロの坂本の風景ばかり映されていたのが悲しかったので、この祭りの時だけでも明るいカラーで彩ることができたらという願望がありました。特に「赤」は、厄除けの意味や、元気の出る色でもあるので、赤い食べ物を何らかの形でお供えすれば、坂本の土地の厄を払い、元気づけることができるのではないかと考えたのです。

参加する方の一年分の厄を払うこともできれば一石二鳥と、一年の締めくくりである十二月の新月の日、この日しかないと信じ、まずは一度やってみることにしました。そして、赤い食べ物をお供えするということから、祭りの名称は「赤の祭り」としました。

こんなにも漠然とした、不明瞭な祭りをおこそうとしているにも関わらず、有難いことに参加希望が四名ほどありました。

初めての「赤の祭り」当日

祭り当日の二〇二〇年十二月十五日、朝から吐く息は白く、手先を思わず服の袖の中に引っ込めたくなるような冬の日でした。板持川も、冬の表情をしていて、少ない水量で水は澄みわたり、透明度を保って絶えず流れています。開始時刻の十三時を目前に、私はそんな板持川がすぐそばに見える空き地で、焚火用に用意した流木へ一人静かに手を合わせていました。この流木は、知り合いが球磨川の川原で清掃活動の際に集めたものを、分けていただいたものでした。五カ月前の豪雨災害で、至るところから流されてきたものがほとんどだと思われます。着火前にお神酒を少しふりかけて、清めておきました。

参加者が続々と集まってきたところで、いよいよ火を焚きはじめました。それと同時進行で、お供え物を用意していきます。お供え物は、特に事前に参加者同士で打ち合わせすることはなく、とにかく「赤い」ものなら何でも良しとしていました。私は、ちょうど自宅にあったトマトと林檎、苺、そして名前に「紅」が付くサツマイモの「紅はるか」を持参していました。他の参加者がどんな赤い食べ物をお供えしてくれるのかとワクワクしていると、想像をはるかに超える多種多様な赤い物たちが並んでいました。

紅心大根、野いちご、蜜柑、赤カブのスープ、乾燥フノリ、小豆パウダーの衣のガネ揚げ（鹿児島の郷土料理の芋の天ぷら）、ビーツのチャパティ、赤い豆のペースト、赤の甘酒饅頭。食べられはしないけど、すぐそばにあった南天の実や、椿の花、もみじの葉っぱも仲間入り。

そしてなんと驚いたことに、水俣から参加してくれた友人が「赤い石」を見つけたと、持参してくれたのです。その石は、その場で「赤の祭り」のご神体とすることにしました。板持川の方に向かって配置し、さっそくその赤い石を中心に、赤い食べ物をお供えしていきます。女性参加者がはりきって整えてくれ、あっという間に賑やかで華やかな空間が誕生しました。

焚火の炎も真っ赤に燃え上がってきた頃、気持ちばかりの儀式を行いました。まずは川へお神酒と塩をまきます。そして、参加者各々で榊に祈りを込め、川へ流します。優しく流れる板持川に漂いながら、榊はゆっくりと下っていきます。「今年の残り少ない時間、どうか流域のみなさんが少しでも穏やか

初めての赤の祭りのお供え物。目の前に見えるのは板持川

に過ごせますように」と、私は心の中でつぶやきました。そして、その祈りが込められた榊が、無事に球磨川まで辿り着くことを密かに願いました。

儀式も無事に終え、あとはお楽しみの時間、直会の時がやってきました。赤い石の周りにお供えされた、盛りだくさんの赤い食べ物を全員で分け合って食べます。冬空の下、とても寒いはずなのに、焚火を囲んで赤い食べ物を口にすると、なぜだかとても暖かく感じていました。やはり赤い物には、人を励まして、活気づける力があるのかもしれない。本当に悪いものがどこかに飛んでいくのかもしれない。赤だらけの空間で、そんなことを思いました。

ドラマチックな二回目の「赤の祭り」

念願の「祭りをつくる」ことをついに実現させた私は、嬉しいような、ちょっと恥ずかしいような、複雑な想いを持ちながら、再び祭りとは無縁の日常の生活に戻っていました。年が明けて二〇二一年となり、季節は巡り、あっという間に十二月が近づいてきました。すると、一年前の初めての赤の祭りの参加者より、「今年はいつやるの？」という連絡が届きました。楽しみにしてくれている人がいるという、祭りの主催者としてはなんともモチベーションがあがる一言でした。そういうわけで予定通り、十二月の新月の日である十二月四日に実施することにしました。しかし、赤の祭りの日を目前にした十一月二九日、実家の祖父が亡くなったのです。昭和八年生まれで八八歳、米寿を迎えたばかりでした。

在りし日の祖父のことを思い出すと、私が物ごごろついた頃には、いつも外に出かけてばかりで、なかなか家で一緒に過ごした記憶がありません。どこで何をしていたのかというと、遠く海まで仲間と出かけて魚釣り、そして一番印象に残っているのは狩猟に明け暮れている祖父の姿でした。地元の猟友会に所属していた祖父は、若い頃から猟銃を片手に坂本の山を駆け回るハンターで、冬場はよく祖父が仕留めた獲物…猪や鹿を実家の前で見かけていました。その時、いつも狩猟の仲間たちとワイワイ騒ぎながら解体作業をしていたのが、この実家の前を流れる板持川の河原だったのです。当時、小学生だった私は、学校から帰ってくると、毛をはがされた猪が丸裸になって、お腹からメスをいれられ、内臓が取り出され、解体されていく様子を川の上でランドセルを背負ったまま、まじまじと眺めていました。その賑やかな時間は、明るい時間から夕方になり、真っ暗闇の夜になるまで続いていました。照明を点けて大鍋の中の猪汁をつつきながら、酒を酌み交わし大騒ぎしている祖父と、その仲間たちの楽しそうな

ビーツのチャパティを赤かぶのスープにつけていただく

（下）直会で赤のお供え物をいただく。赤い食材で手づくりされた料理が並んだ

直会の後、お供えしていた赤い実や花は板持川へ流した
（下）鎮魂の祈りを込めた榊が、板持川を流れていく。この川は球磨川へと合流する

姿は、今でも昨日のことのように思い出されます。

「祖父が亡くなったばかりのこのタイミングで、「祭り」をするなんてあまりにも不謹慎すぎる」私はとっさに、そう思いました。しかし同時に、そのようなかつての祖父の川での営みを思い出し、こうも思いました。じいちゃんは、いつもこの川で仲間たちとワイワイしていた。それは紛れもなく、じいちゃんが一番生き生きと輝いていた時間だった。同じ場所で私が仲間と楽しく過ごしていたら、じいちゃんは怒るどころか、むしろ喜んでくれるのではないだろうか。

迷いは自信へと変わり、祖父が亡くなって五日後の十二月四日、二回目の赤の祭りを開催しました。一年前と同じようにSNSを利用して声かけをし、五名の参加者が集まりました。二年連続の参加者が一人、あとは全員、初めての方です。二回目の参加者と一年前を思い出しながら、粛々と準備を進めました。そう、あのご神体の赤い石も、一年経っても変わらない姿でこの日を待っていてくれました。参加者に持参してもらった「赤い食べ物」を、再び赤い石の周りにお供えします。今年の参加者はどんな赤い物を持ってきたのだろう。ドキドキしながらのぞきます。すると、去年は目にしなかった、赤飯や豆腐の梅酢漬け、赤いラベルの球磨焼酎に、赤酒、赤い色の素麺…と、参加者の顔ぶれが変わるとお供え物もがらりと変わることが分かります。実はこの年は、飲兵衛の参加者が多く、酒飲みの人が思いついた「赤い物」に少しくすっと笑えてきたのでした。そしてなんと、こんな偶然もありました。参加者の一人が、猪肉を骨付きのまま持参されていたのです。「肉も赤でしょう！」と豪快に焚火の上で焼いていきます。まさか、祖父がかつて猪肉を焼いていたこの場所で、同じように猪肉を焼いて食べることになるとは。私は、祖父の存在をすぐ傍に感じました。やっぱり、今日の日を喜んでくれているのだと。

二回目の赤の祭りも、傷ついた板持川の前に、パッと明るい真っ赤な空間が出来上がったのでした。

そして祭りは続いていく、生まれていく

三回目となる二〇二二年は、十二月の新月の日にどうしても主催者である私の都合がつかず、一日ずらしての開催となりました。坂本の人たちから学んだ、「無理をしない」「できない時はやめるのではなく、ちょっと工夫する」という基本ルールをモットーに、中止するのではなく、日程をずらすことに決めました。この年の春先から、ようやく板持川でも災害後の復旧工事

参加者が持参した骨付き猪肉を焼く（2回目の赤の祭りにて）

２回目の赤の祭りのお供え物。この翌春から板持川の河川工事が始まった

（下）３回目の赤の祭りのお供え物。参加者が変われば、お供え物も変わる

が着工しました。すなわち、川にはやむを得ず人間の手が加えられ、以前の川とは様子がすっかり変わってしまったのでした。絶えず上流からは泥水が流れ、小さな生き物たちはまたたく間に姿を消しました。悔しい気持ちでいっぱいになりながらも、三回目の赤の祭りも過去の二回と同様、赤い食べ物を板持川の前にお供えしました。気が付けば護岸は真っ白のコンクリートで固められ、なんとも味気のない、無機質な川に見えてしまいます。かつてあった石や岩の場所も変わり、川底も土砂が入って高くなって、まるで別人のような表情をしています。でも川の様子が変わってしまってもなお、私はこの川が愛しくてたまりません。元の姿に戻って欲しいと切に願うけれど、きっともうそれは叶うことはないと、心のどこかでは分かっています。

思えば、簡単な気持ちで「祭りをつくってみたい」と思い立ち、その結果として「赤の祭り」が誕生しました。今回は、豪雨災害という悲劇が偶然にもそのタイミングで起こってしまったものの、そこから「赤の祭り」が生まれたことは、ある意味必然でもありました。

古くから人は、愛着のあるその土地の環境が危機的状況を迎え、大切なものが失われそうになった時、ごく自然な形で祈りの場としての「祭り」を生み出していたのかもしれません。自然との距離が近く、自然の中に心地良い居場所をつくってきた坂本の人たちは特に、その居場所をなんとしてでも守るために、熱心に祈りを捧げてきたのではないのでしょうか。それが、目には見えない山の神や、川の神などを崇拝する祈りの祭りとして、今でもたくさんの集落に残されています。都市部でも地方でも、祭りは消滅が進む一方ですが、坂本の人たちのように自然との距離を保ち、いつも自然のリズムを感じながら暮らしていれば、自ずと新しい祭りが生まれてくるようにも思います。そしていつも、そんな祭りの時に一番似合うのは、気合いを入れてつくられたお洒落な料理ではなく、誰しもが馴染みのある懐かしい、素朴でありふれた食べ物なのです。

災害前の板持川。住民はいつも川の水を利用して生活していた
（下）災害前の板持の集落。この半年後、田んぼは土砂に埋もれ、家屋も流出した

祭り暦（★は旧暦）

月	暦・行事	日	祭り名称（所在地）	頁	お供え物・直会での食べ物
6月	田植え	11	・きゅうり祭り（小川内）		・きゅうり
	夏至	※	・百万遍（渋利）※田植え後		・みょうが饅頭
7月		★	・だご盛り（上葉木）★旧暦五月二十八日		・みょうが饅頭
	夏土用	※	・川祭り（中津道／油谷）※土用期間中		・素麺／ナス・きゅうり
8月	七夕	6	・七夕綱（木々子）		・おもてなし料理
	お盆	15	・お盆の精霊送り（坂本各地）		・シバ巻きだご
9月	秋分				
10月	稲刈り・収穫期	★	・甘酒盛り（上葉木）★旧暦九月十七日		・甘酒
		★	・こんにゃく祭り（上鎌瀬）★旧暦九月十八日		・こんにゃく
		★	・深水の山の神祭り ★旧暦九月十八日		・出世魚
		★	・油谷の山の神祭り ★旧暦九月十九日		・甘がゆ

5月	4月	3月	2月	1月	12月	11月
		春分		正月 小正月	冬至	
				5 14	15 ★	★ ★ ★ ★
				・総供養（上鎌瀬） ・もぐらんぽ（段）	・鮎帰・小崎の山の神祭り ・上葉木の山の神祭り ★旧暦十一月十五日	・板持の山の神祭り ・いも盛り（上葉木） ・願ぼとき（上鎌瀬） ・木々子の山の神祭り ★旧暦九月二十四日 ★旧暦九月二十八日 ★旧暦九月二十九日 ★旧暦九月二十九日
				・白餅 ・餅	・アワ・ぼたもち ・米粉団子	・赤飯 ・里芋 ・煮しめ ・小豆飯

お供え物簡単レシピ

【きゅうり祭りの「ニンニク味噌」】（小川内地区、本書8頁）

材料　◯みそ　1キロ　◯ニンニク　1個　◯砂糖　お好み

つくり方

①ニンニクはすりおろしておく。

②みそと①を混ぜる。

③砂糖を少しずつ入れてお好みの甘さに整える。

【だご盛りの「みょうが饅頭」】（上葉木地区、本書24頁）

材料　◯白玉粉　◯米粉　◯小麦粉　◯あんこ　◯みょうがの葉

つくり方

①白玉粉：米粉：小麦粉を3：3：1の割合で計量する。

②①に水を少量ずつ加え、耳たぶの柔らかさになるまで生地をこねる。

③少量ずつ切り分けた生地を平たく伸ばし、丸めておいたあんこを入れて包み、

形を整える。

④みょうがの葉を巻いて、蒸し器で10分ほど蒸す。

ポイント

・みょうがの葉に片栗粉を軽くまぶしておくと、食べる時に生地がくっつきません。

【こんにゃく祭りの「ピリ辛こんにゃく」】（上鎌瀬地区、本書36頁）

材料　◯こんにゃく　◯油　◯みりん　◯しょうゆ　◯砂糖　◯酢　少々

◯唐辛子　お好み

つくり方

①こんにゃくは手で一口大にちぎって、水にさらしておく。

②こんにゃくを油で炒めて、みりん・醤油・砂糖で味を調える。水も少し入れて水分がなくなるまで炊く。

③最後に酢と唐辛子を加える

ポイント

・昔はイリコと鯨の肉もいれていたそうです。唐辛子は入れすぎると辛いので要注意！

【山の神祭りの「小豆飯」】（木々子地区、本書128頁）

材料　○米1升　○小豆1・5合（1合半）　○塩　適量

つくり方

①小豆はあらかじめ茹でておく。ゆで汁は捨てずにとっておく。

②洗ったお米と、ゆでた小豆を炊飯器で一緒に炊く。この時、①でとっておいたゆで汁と、塩も入れる。

ポイント

・塩加減は、味見をしながら調整。入れすぎないように注意！

【山の神祭りの「ぼたもち」】（小崎地区、本書148頁）

材料　○サツマイモ　2～5キロ（お好みで）　○もち米　1キロ　○あんこ　お好み

○砂糖　適量　○塩　適量

つくり方　※餅つき機を使うと簡単！

①もち米は事前に洗って浸水した後、水を切っておく。サツマイモは皮を剝き、小さく切る。

②もち米とサツマイモを蒸かす。サツマイモは芯までしっかり火が通るように！

③先にもち米をつく。十分についたら、蒸かしたサツマイモと砂糖、塩を加え、さらにつく。
④きな粉を敷いたバットやもろぶた等にうつし、冷めるまで待つ。
⑤好きな大きさに丸め、あんこを表面にまぶす。

※現在坂本で主流となっている一般的なぼたもちのつくり方
①〜④までは右と同様
⑤お好みの大きさに取った生地を手にひろげ、あんこを入れて丸める。あんこを入れずにそのまま食べることもできる。

ポイント
・最初に芋を切る時の切り方が重要！　火が通りやすいように切ること！
・春先は、生地にヨモギを練りこんでも美味しい！

あとがき

二〇一九年の春に発行した小冊子「食べて祀って」。私にとっての坂本の秘密と宝物を、どうにか記録にのこしておきたい、その思いだけで完成させました。しかし、そのマニアックな冊子を面白がり、興味を持って下さったのが八代駅前にある喫茶店ミックの笠井麻衣さんでした。ミックは、もはや単なる「喫茶店」の域を超えており、時に美術館や工芸館のようにもなる店内には、いつも香ばしい珈琲豆の薫りが漂い、一息つきたい時にふと足を運んでしまう不思議な空間です。常日頃からローカルの文化にアンテナを張り巡らし、どんなに小さきものでも大切に守り、発信し続けるミックさんにこの「食べて祀って」を気に留めていただいたことは、とても大きな出来事でした。

そのミックで二〇二〇年、写文展をしたことがきっかけで、憧れだった作家の前山光則さんと出会うことができました。そして、「これは書籍化すべきだ！」とすぐに弦書房の小野社長をミックまで呼んで下さったのでした。私にとって、もはや「棚からぼたもち」状態で、このようなニッチなものに光を見出してくださった喫茶店ミックさん、前山さん、弦書房さんには、感謝の気持ちでいっぱいです。

「食べて祀って」は、たくさんの方との出会いによって奇跡的に生まれました。最初に坂本の祭りを知るきっかけとなった、ケーブルテレビ局の大先輩・江浦理香さん、ケーブルテレビ勤務時代の延長で、変わらず取材を快く受け入れて下さった坂本の皆様、挙げればキリはありませんが、ご縁のあった全ての皆様にありがとうを伝えたいです。

二〇二〇年七月四日の熊本の豪雨災害がきっかけで知り合った黒河内美帆さんも挿絵の依頼を快く引き受けて下さり、本当に嬉しかったです。最後に、今回使用した写真の半数近くを撮影してくれた私の影のプロデューサーのような存在でもある夫にも感謝したいと思います。

「お洒落なカフェをつくって、雇用も生み出して、若い人にたくさん坂本に来てもらおう！」坂本に帰ってきた時は、そんなことばかり考えていました。何もない、ただ衰退していくだけの寂しい故郷。そう思い込んでいた私が出会ってしまった坂本の「祭り」が、価値観をガラリと変えてくれました。住民はいつも自然に寄り添い溌剌と暮らし、目には見えないものへの感謝と祈りを大切に生きている。何もないと決めつけていただけで、実は坂本はとても豊かな村だったのです。ありのままが美しく、何も手を加えなくても、そのままで最初から素晴らしいということ。それに気がついた時、焦りばかり抱えていた私の心はすっかり満たされていました。

坂本の祭りと出会ってきっと大きく変わったであろう私の人生。坂本の人たちの暮らし方・生き方を指針とし、これからの自分の暮らしにも少しずつ取り入れていきたいと思っています。食べて、祀って、暮らしていきます。毎年一二月の新月に行う「赤の祭り」に、みなさんも是非遊びに来てください！

二〇二三年五月　　坂本桃子

〈本文中扉イラスト〉黒河内美帆

〔著者略歴〕

坂本桃子（さかもと・ももこ）

一九九〇年熊本県八代郡坂本村（現：八代市坂本町）生まれ。西南学院大学卒業。大分県安心院町の農村民泊に関わる仕事を経て、イタリアの農村でアグリツーリズモを転々とする。二〇一四年、ふるさと坂本町にUターンし、地元ケーブルテレビに就職。自主放送番組の制作を担当する。その際、取材で出会った集落の小さな祭りに魅了され調査を始める。二〇一九年より結婚を機に水俣市へ移り住み、「高校生がつくる水俣食べる通信」の広報を担当する。現在は、自称「集落の奇祭研究家」として、熊本県内の一風変わった年中行事や伝統風習を取材し、記録する活動に取り組む。

食《た》べて祀《まつ》って
《小さな村の祭りとお供え物》

二〇二三年 六 月三〇日発行

著　者　坂本桃子
発行者　小野静男
発行所　株式会社　弦書房
（〒810・0041）
福岡市中央区大名二―二―四三
ELK大名ビル三〇一
電　話　〇九二・七二六・九八八五
FAX　〇九二・七二六・九八八六

組版・製作　合同会社キヅキブックス
印刷・製本　シナノ書籍印刷株式会社

ISBN978-4-86329-268-0 C0076

◆弦書房の本

白い瑞鳥記

大田眞也　白いカラスは普通のカラスたちから仲間はずれにされている——。きわめて稀にしか観察できない白化白変した野鳥の生態写真と、ハクチョウやシラサギなど白い鳥たちの生態を活写した貴重なフィールドノート。【写真一〇〇点収録】〈A5判・168頁〉**1800円**

スズメはなぜ人里が好きなのか

大田眞也　すべての鳥の中で最も人間に身近でくらすスズメ。その生態を、食、子育て、天敵と安全対策、進化と分布、民俗学的にみた人との共生の歴史など、人間とのかかわりの視点から克明に記録した観察録。**【2刷】**〈四六判・240頁〉**1900円**

ツバメのくらし百科

大田眞也　《越冬つばめ》が増えている?!　尾長のオスはなぜモテる？　マイホーム事情は？　身近な野鳥でありながら意外と知らないツバメの生態を追った観察記。スズメ、カラスと並んで身近な鳥の素顔に迫る。〈四六判・208頁〉**【4刷】1800円**

ツバメのくらし写真百科

大田眞也　四季折々のツバメの素顔をいろいろな角度、場所で撮影。春の渡来から秋の渡去、さらに越冬するツバメにもカメラを向ける写真版ツバメの生態観察記。好評の『ツバメのくらし百科』のビジュアル版。【カラー写真200点】〈A5判・159頁〉**1900円**

＊表示価格は税別